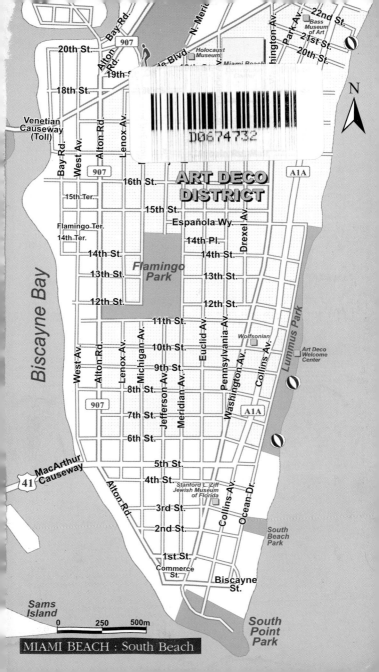

À l'instar des autres mégalopoles américaines, le centre-ville de Miami, sous une nuit étoilée, rappelle vaguement le *Metropolis* de Fritz Lang.

Les bateaux de croisière abordent fréquemment au port de Miami, où le centre-ville s'inscrit en toile de fond.
- *Anne Gardon*

MIAMI

Alain Legault

Le plaisir... de mieux voyager

Auteur Alain Legault	*Directrice de* *production* Pascale Couture	*Photographes* *Page couverture* Emmanuel Faure
Chef de projet Claude Morneau	*Cartographe et* *infographe*	*Pages intérieures* James Blank
Adjoint Christian Roy	André Duchesne	Marian Buchanan Fabricios & Taylor
	Adjoints Patrick Thivierge	B. Farcy
Collaboration à la *rédaction*	Yanik Landreville	Anne Gardon J. Greenberg
Jean Dumont		Alain Legault
Judith Lefebvre	*Correcteur*	Claude Morneau
Suzanne Murray	Pierre Daveluy	Van Phillips
Jean Roger		
	Illustratrices	*Directeur artistique*
Directeur de collection	Lorette Pierson	Patrick Farei - (Atoll)
Claude Morneau	Sophie Matteau	

Remerciements : Jeanne Sullivan *(Greater Miami Convention and Visitors Bureau)* et Lee Levering *(Greater Fort Lauderdale Convention and Visitors Bureau).*

DISTRIBUTION

Canada : Distribution Ulysse, 4176, St-Denis, Montréal (Québec) H2W 2M5, ☎ (514) 843-9882, poste 2232, ☎ 800-748-9171, fax : (514) 843-9448, www.ulysse.ca, guiduly@ulysse.ca

États-Unis : Distribooks, 8120 N. Ridgeway, Skokie, IL 60076-2911, ☎ (847) 676-1596, fax : (847) 676-1195

Belgique-Luxembourg : Vander, 321, avenue des Volontaires, B-1150 Bruxelles, ☎ (02) 762 98 04, fax : (02) 762 06 62

France : Vilo, 25, rue Ginoux, 75737 Paris Cedex 15, ☎ 01 45 77 08 05, fax : 01 45 79 97 15

Espagne : Altaïr, Balmes 69, E-08007 Barcelona, ☎ (3) 323-3062, fax : (3) 451-2559

Italie : Centro cartografico Del Riccio, Via di Soffiano 164/A, 50143 Firenze, ☎ (055) 71 33 33, fax : (055) 71 63 50

Suisse : Diffusion Payot SA, p.a. OLF S.A., Case postale 1061, CH-1701 Fribourg, ☎ (26) 467 51 11, fax : (26) 467 54 66

Pour tout autre pays, contactez Distribution Ulysse (Montréal).

Données de catalogage avant publication (Canada). (Voir p 8)

Toute photocopie, même partielle, ainsi que toute reproduction, par quelque procédé que ce soit, sont formellement interdites sous peine de poursuite judiciaire.
© Éditions Ulysse
Tous droits réservés
Bibliothèque nationale du Québec
Dépôt légal - Deuxième trimestre 1999
ISBN 2-89464-203-2

 IMPRIMÉ AU CANADA

«La vie finit comme elle commence,
spoonful of love et de romance.
Le jour se lève sur Miami
et les palmiers qui s'en balancent».

Miami
Richard Desjardins

SOMMAIRE

LISTE DES CARTES

SYMBOLES

≡	Air conditionné
✕	Animaux de compagnie admis
⊛	Baignoire à remous
☉	Centre de conditionnement physique
🚢	Coup de cœur Ulysse pour les qualités particulières d'un établissement
ℂ	Cuisinette
pdj	Petit déjeuner inclus dans le prix de la chambre
≈	Piscine
ℜ	Restaurant
bc	Salle de bain commune
bp	Salle de bain privée (installations sanitaires complètes dans la chambre)
⊷	Télécopieur
☎	Téléphone
tvc	Télévision par câbles
tlj	Tous les jours

CLASSIFICATION DES ATTRAITS

★	Intéressant
★★	Vaut le détour
★★★	À ne pas manquer

CLASSIFICATION DES HÔTELS

Les tarifs mentionnés dans ce guide s'appliquent, sauf indication contraire, à une chambre standard pour deux personnes en haute saison.

CLASSIFICATION DES RESTAURANTS

Les tarifs mentionnés dans ce guide s'appliquent, sauf indication contraire, à un dîner pour une personne, excluant le service et les boissons.

$	moins de 10$
$$	de 10$ à 16$
$$$	de 16$ à 25$
$$$$	plus de 25$

Tous les prix mentionnés dans ce guide sont en dollars américains.

ÉCRIVEZ-NOUS

Tous les moyens possibles ont été pris pour que les renseignements contenus dans ce guide soient exacts au moment de mettre sous presse. Toutefois, des erreurs peuvent toujours se glisser, des omissions sont toujours possibles, des adresses peuvent disparaître, etc.; la responsabilité de l'éditeur ou des auteurs ne pourrait s'engager en cas de perte ou de dommage qui serait causé par une erreur ou une omission.

Nous apprécions au plus haut point vos commentaires, précisions et suggestions, qui permettent l'amélioration constante de nos publications. Il nous fera plaisir d'offrir un de nos guides aux auteurs des meilleures contributions. Écrivez-nous à l'adresse qui suit, et indiquez le titre qu'il vous plairait de recevoir (voir la liste à la fin du présent ouvrage).

Éditions Ulysse
4176, rue Saint-Denis
Montréal (Québec)
H2W 2M5
http://www.ulysse.ca
guiduly@ulysse.ca

Données de catalogage avant publication (Canada).

Legault, Alain, 1967 12 juin-

    Miami

    (Guide de voyage Ulysse)
    Comprend un index.

    ISBN 2-89-464-203-2

    1. Miami (Flor.) - Guides. I. Titre. Collection.

F319.M6L43 1999   917.59'3810463   C99-940820-8

Les éditions Ulysse reconnaissent l'aide financière du gouvernement du Canada par l'entremise du Programme d'Aide au Développement de l'Industrie de l'Édition (PADIÉ) pour ses activités d'édition.

Les éditions Ulysse tiennent également à remercier la SODEC pour son soutien financier.

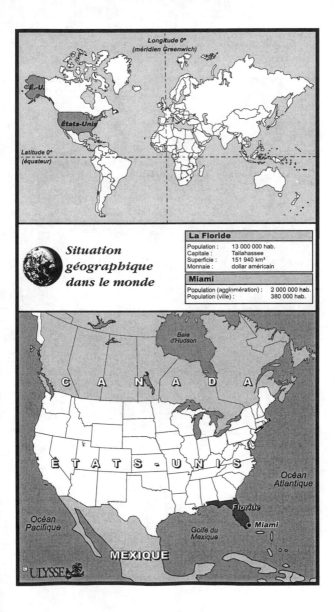

Longitude 0°
(méridien Greenwich)

CÉ.-U.

États-Unis

Latitude 0°
(équateur)

Situation géographique dans le monde

La Floride	
Population :	13 000 000 hab.
Capitale :	Tallahassee
Superficie :	151 940 km²
Monnaie :	dollar américain

Miami	
Population (agglomération) :	2 000 000 hab.
Population (ville) :	380 000 hab.

Baie
d'Hudson

C A N A D A

É T A T S - U N I S

Océan
Atlantique

Océan
Pacifique

Floride

Miami

Golfe du
Mexique

MEXIQUE

© ULYSSE

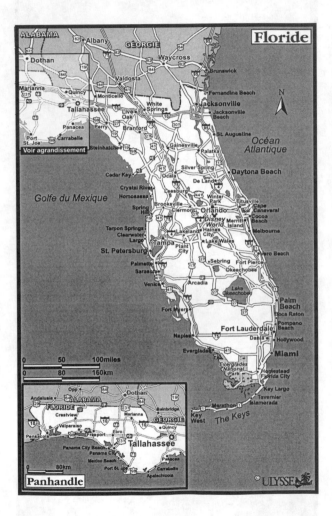

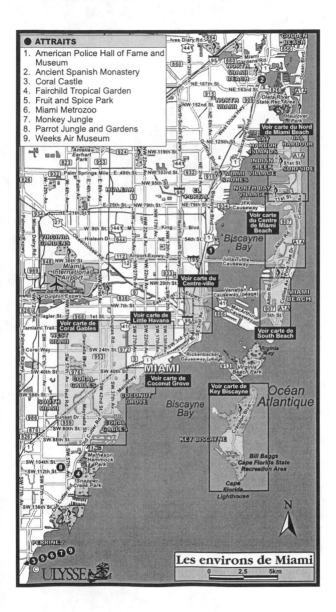

● ATTRAITS

1. American Police Hall of Fame and Museum
2. Ancient Spanish Monastery
3. Coral Castle
4. Fairchild Tropical Garden
5. Fruit and Spice Park
6. Miami Metrozoo
7. Monkey Jungle
8. Parrot Jungle and Gardens
9. Weeks Air Museum

Les environs de Miami

© ULYSSE

0   2,5   5km

N

PORTRAIT

Bien malins ceux qui croient pouvoir définir Miami en une seule phrase simple et concise. D'abord et avant tout, la première méprise que font généralement les visiteurs est de croire que Miami et Miami Beach ne font qu'une ville. Pourtant, Miami Beach, sa sœurette, est reliée à Miami par de nombreux ponts, mais ces deux villes sont distinctes et font partie de la grande région de Miami. Miami Beach est une ville tropicale, latine et pimpante reconnue pour ses plages sablonneuses brillant sous le soleil éternel, son coloré quartier Art déco et son activité nocturne fébrile, alors que son alter ego, Miami, est une métropole charnière entre l'Amérique du Nord et l'Amérique du Sud, également à dominance latine, mais dont le centre-ville ne montre au premier regard que des édifices modernes plus ou moins élevés pointant vers le ciel.

De plus, la population qui fréquente ces deux villes est très contrastée. Le sud de Miami Beach, soit South Beach, est en effet le rendez-vous le plus couru par les personnalités bien en vue de Hollywood que fréquentent également des mannequins gracieux, les *wannabes* et les *never-will-bes*, le gratin de la société et une foule fringante mais terriblement grégaire, avide de vie publique et de médias. Le centre-ville de Miami, au contraire, grouille au rythme des allées et venues des clients des institutions bancaires qui échangent des chiffres et des liasses de billets verts en compagnie de gens qui brassent des affaires et parlent fort dans leur cellulaire pour se hâter de compléter la dernière transaction du jour.

Même si Miami a fêté ses 100 ans en 1996 et a connu nombre de bouleversements au cours de ce siècle de sa jeune et tumultueuse histoire, la ville a nourri l'imagination galopante de nombreux explorateurs, aventuriers et rêveurs bien avant sa création officielle, qui y vinrent successivement à un moment de leur vie pour diverses raisons, mais le plus souvent dans l'espoir d'y trouver gloire, richesse ou même parfois la «terre promise» et le salut. En effet, il y a près de 500 ans, l'Espagnol Ponce de León, mû par un sentiment inexprimable, fut l'un des premiers personnages historiques à s'intéresser à ce lieu qu'il associa à sa propre quête chimérique de la fontaine de Jouvence. Bien plus tard, après avoir vu le jour en bordure de marécages infestés de moustiques et d'insectes et peuplés de créatures étranges ou carrément hostiles, Miami s'est développée tout doucement, d'abord et avant tout grâce à la persévérance étonnante d'une visionnaire, Julia Tuttle, à qui l'on doit l'arrivée du chemin de fer dans cette contrée jusqu'alors très isolée, tandis que sa petite sœur, Miami Beach, vit le jour à cause du rêve de John Collins, qui, un beau jour, conçut dans son imagination débridée les plans du futur de Miami Beach sur une bande de terre isolée et inhabitée.

De nos jours, à défaut de boire l'élixir de longue vie ou de vie éternelle, beaucoup de *beautiful people*, de m'as-tu-vu et de retraités nord-américains, anxieux de fuir chaque hiver les températures froides, pour ne pas dire glaciales, qui sévissent alors sur tout le nord du continent, choisissent de venir sur les plages ensoleillées de la région pour tromper le plus confortablement possible la rigueur de l'hiver et se revigorer en même temps le corps et l'esprit.

Après avoir fait écarquiller les yeux du monde entier qui lisait la une ténébreuse et glauque des journaux, Miami s'est refait une beauté et compte désormais parmi les villes les plus fréquentées, *fashionable* et branchées des États-Unis, et elle prend aujourd'hui des airs un peu désinvoltes et légers sous le rayonnement lumineux et chaud du soleil à la latitude du tropique du Cancer.

GÉOGRAPHIE

Miami est située au sud-est de la Floride par 25°33' de latitude nord et 80°27' de longitude ouest, à une altitude moyenne de 4,1 m au-dessus du niveau de la mer. La grande région de Miami chevauche le Dade County et s'étend sur une superficie de 6 216 km², qui incluent de nombreuses îles émergeant des eaux limpides de l'océan Atlantique. En effet, des ponts jetés au-dessus de la baie de Biscayne relient 17 îles pour former Miami Beach. La grande région de Miami regroupe plusieurs municipalités et quartiers, entre autres Coconut Grove, Coral Gables, Little Havana, Little Haiti, Liberty City, Overtown, Brownsville et Miami Beach.

Créé en 1836, le Dade County doit son nom au major Francis Longhorne Dade, qui s'est couvert d'honneur en commandant un détachement de l'armée fédérale durant la seconde guerre séminole.

FAUNE ET FLORE DES EVERGLADES

Si vous avez l'occasion d'aller visiter le mystérieux parc naturel des Everglades, voici, parmi les plus communes, quelques-unes des nombreuses espèces animales que vous aurez peut-être l'occasion d'observer.

Au premier coup d'œil, il n'y a pas de grande différence entre les **crocodiles** et les **alligators**. À vrai dire, ces deux reptiles amphibies ont tous deux un regard et des crocs inquiétants. C'est cependant l'une des caractéristiques visibles qui les distingue. Chez les crocodiles en effet, on aperçoit les crocs que portent leurs deux mandibules, inférieure et supérieure, lorsqu'ils ferment la gueule, tandis que, chez les alligators, seuls les crocs que porte la mandibule supérieure apparaissent.

PORTRAIT

Les alligators et les caïmans se trouvent uniquement en Amérique tropicale si l'on excepte l'alligator de Chine, tandis que les crocodiles se rencontrent communément dans les lacs, les rivières et les zones marécageuses tropicales d'Australie, d'Afrique, des Indes et d'Asie du Sud-Est.

Le **lamantin** est un mammifère aquatique de l'ordre des siréniens qui a des allures de créature préhistorique. Son museau est court, sa tête ronde, et sa queue ovale en forme de raquette. Il n'existe que trois sous-espèces de lamantins vivant surtout à l'embouchure des fleuves tropicaux : celui du delta de l'Amazone (*Trichechus inunquis*), celui des côtes d'Afrique et celui de la Floride, qu'on rencontre aussi sur les côtes du golfe du Mexique ainsi que dans la mer des Caraïbes où les îles et îlots abondent. Contrairement aux autres mammifères aquatiques de l'ordre des cétacés qui se nourrissent de plancton ou de poissons et peuvent par conséquent vivre en haute mer, ce sympathique mammifère marin est un herbivore tout à fait inoffensif et sans défense qui vit exclusivement là où il trouve à se nourrir, c'est-à-dire en bordure des côtes ou près des rives des fleuves côtiers des mers chaudes, et, de ce fait, il constitue une proie facile pour ses prédateurs.

Lamantin

Le **dauphin**, ce sympathique mammifère marin que tout le monde reconnaît à son rire strident, fait irrésistiblement sourire petits et grands.

Le **flamant rose** est un palmipède facilement reconnaissable à sa couleur rose, à son cou souple et sinueux ainsi qu'à ses pattes palmées longilignes.

Flamant rose

Le **pélican brun** est un oiseau palmipède au plumage brun et à la tête blanche. Difficile de ne pas apercevoir son long bec et sa grande poche extensible qui sert à conserver les poissons jusqu'à ce qu'il les distribue à ses bébés.

Pélican brun

La mangrove

La mangrove est composée de différentes essences de palétuviers qui ont comme caractéristique de résister à l'immersion et au sel. Parmi les essences croissant dans les eaux des Everglades, il y a le manglier rouge, brun ou blanc. Une grande quantité d'oiseaux de mer de même qu'une multitude d'insectes de tout acabit habitent cette étrange forêt.

Manglier rouge

HISTOIRE

Des recherches archéologiques démontrent qu'il y a environ 15 000 ans des tribus nomades franchissent le détroit de Béring et peuplent les Amériques par vagues migratoires successives. Peu d'informations existe sur les différents peuples avant l'arrivée des colonisateurs européens.

L'arrivée des Européens

Non satisfaits d'avoir découvert un Nouveau Monde en 1492, les Européens tentent d'élargir davantage les frontières de leurs connaissances et de remplir encore plus les coffres royaux – où s'accumulent leurs richesses respectives – en décidant de poursuivre avec ardeur, mais chacun pour soi, l'exploration de l'Amérique tout en se livrant entre eux une concurrence effrénée. Avant la fin du XVᵉ siècle, le navigateur génois, Giovanni Caboto, mieux connu sous le nom de Jean Cabot, longe la côte est floridienne, puis remonte l'actuelle côte est américaine jusqu'au cap Breton en 1497. Cabot n'a jamais débarqué de son bateau pour explorer la Floride, mais ses récits de voyages permettront tout de même de tracer les premières cartes de cette contrée alors inconnue et nimbée d'histoires énigmatiques.

Cette fin de siècle charnière laisse entrevoir déjà les événements qui vont suivre à l'avènement du XVIe siècle. L'année qui nous intéresse est 1512. À cette époque qui voit naître les balbutiements des échanges commerciaux entre Européens et autochtones, de nouveaux personnages de l'histoire se font connaître en évoquant le nom d'Eldorado, mystérieux pays aux richesses fabuleuses dont les plaines regorgent de canneliers aux racines géantes qui puisent leur sève à l'onde vivifiante de la fontaine de Jouvence. Fallait-il y croire et se laisser séduire par ces épopées historiques teintées de légendes, de religiosité et de mystère? L'Espagnol Ponce de León y croyait fermement, et ces récits exercèrent sur lui une séduction qui le poussa à agir avec une forte opiniâtreté. Ponce de León était un conquistador respecté et vieillissant qui avait participé à la deuxième expédition de Christophe Colomb, et qui commandait paisiblement la garnison d'un avant-poste installé sur l'île de Puerto Rico. Il rêve à mi-chemin entre la mer des songes et l'obscurité de la nuit, là où un monde magique chargé de mystère et de poésie dessille ses yeux et permet au mythe de l'Eldorado et de la fontaine de Jouvence de s'enraciner et de se déployer avec exubérance. En d'autres mots, Ponce de León s'ennuie. C'est pourquoi, au terme d'une brillante carrière, il tient à pousser encore plus loin les limites de son audace et de sa témérité. Son objectif est clair : il veut trouver la fontaine de Jouvence.

Le rêve de Ponce de León

Le 3 mars 1512, Ponce de León lève l'ancre posée au fond de la baie du village de Boriquén, à Puerto Rico, largue les amarres et hisse les voiles avec la ferme intention de remonter le temps en buvant l'eau de la mystérieuse fontaine de Jouvence.

Il vogue d'île en île, longe sur son passage l'archipel des Bahamas et aperçoit finalement un mois plus tard, le 2 avril, une langue de terre s'avançant à l'horizon, qu'il baptise Florida pour commémorer le dimanche des Rameaux, la *pascua florida*, la Pâques fleurie. L'équipage débarque près du site actuel de Saint Augustine (qui sera officiellement fondée en 1565 sur l'actuelle côte est, au nord de Palm Beach) et se met immédiatement à la recherche d'un quelconque trésor scintillant oublié par le temps. Faute de trouver fortune, richesse ou vie éternelle, Ponce de León, déçu, revient à Puerto Rico le 5 octobre 1512 avant de retourner peu après en Europe. Là, il demande audience au roi afin d'obtenir de lui la permission officielle de coloniser cette terre mystérieuse et prometteuse, et d'en prendre possession au nom de la couronne d'Espagne.

En 1521, après avoir enfin obtenu la protection royale qu'il sollicitait opiniâtrement depuis 1513, Ponce de León monte une petite armée d'environ 200 soldats et de quelques prêtres brûlant d'envie de propager la foi chrétienne et d'étendre le christianisme en pays païen, puis il cingle toutes voiles déployées vers la «Floride» afin de s'élancer sur les traces des grands découvreurs qui l'ont précédé. Finalement, le navire touche terre sur la côte ouest de la Floride, quelque part autour de Tampa, pour y être accueilli par des Amérindiens hostiles. Une bataille sanglante s'ensuit et les conquistadors résistent mal aux furieuses et féroces attaques livrées par les autochtones. Durant le combat, Ponce de León est grièvement blessé et doit battre en retraite. Il s'éteint quelques semaines plus tard à La Havane.

Bien que son expédition se soit soldée par un échec évident, Ponce de León inscrit toutefois une page importante de l'histoire de la colonisation de l'Amérique en pavant la voie pour d'autres aventuriers téméraires et plus opportunistes. La conquête de l'Amérique du Nord est toutefois retardée par la colonisation du Mexique en 1519 et par l'intérêt suscité par l'Eldorado du Pérou un peu plus tard.

Tentative de colonisation espagnole

Malgré tout, quelques aventuriers tentent leur chance. C'est ainsi qu'en 1528, sept ans après l'expédition de Ponce de León, un autre Espagnol, Pánfilo de Narváez, conduit par haute mer une armée forte d'environ 400 soldats et jette l'ancre dans la baie de Tampa avec la ferme intention de se couvrir d'or et de richesses, et d'y trouver gloire et fortune. Cette concupiscence de biens matériels et cette soif de richesses intemporelles et de gloire incitèrent Pánfilo de Narváez et ses hommes à parcourir des terres non foulées par l'homme blanc qui, suppose-t-on, regorgent de trésors fabuleux. Ces hommes, hélas, courent sans le savoir à leur perte, car finalement ils disparurent à tout jamais sans laisser de traces.

Onze années s'écoulent lorsqu'en 1539 Hernando de Soto, conquistador téméraire et rustre ayant aidé quelques années plus tôt Francisco Pizarro à renverser au Pérou, envers et contre tous, l'étonnant Empire inca, décide à son tour d'aller jeter un coup d'œil sur cette contrée plus au nord. Il prend la tête d'une expédition mise sur pied dans le dessein de s'emparer des prétendus trésors de la Floride. Après avoir jeté l'ancre près de Tampa, les Espagnols se heurtent cette fois encore aux féroces attaques des Amérindiens. Hernando de Soto et ses hommes font toutefois honneur à leur réputation de conquistadors rustres et sanguinaires en massacrant tous ceux qui se trouvent en travers de leur chemin et en détruisant tout ce qui leur tombait sous la main. C'est ainsi que Hernando de Soto pourfend sans trop de problème ceux qui osent lui bloquer le passage et mène son expédition comme bon lui semble. Les Espagnols s'enfoncent donc dans la luxuriante forêt inconnue pour essayer de trouver la source de leur future richesse. Les semaines, les mois et les années s'écoulent, et les conquistadors continuent inexorablement leur quête chimérique et insatiable de richesses matérielles en longeant le Mississipi, puis en traversant les États de la Géorgie et de l'Alabama. Mais rien n'en résulte et l'inévitable se produit : les uns après les autres, des hommes meurent d'étranges maladies et d'autres causes inexpliquées. Pour les Espagnols, l'avenir paraît sombre et, sans qu'ils osent se l'avouer, loin d'être prometteur. Seule la concupiscence et, sans doute, un peu de démence les incitent à poursuivre toujours plus loin une pareille errance. En 1542, le glas de cette téméraire expédition sonne à nouveau et Hernando de Soto en est cette fois la victime.

Tentative de colonisation française

Les Français ne voulant pas être en reste dans cette frénétique quête de richesses, ils désignent Jean Ribault, en 1562, pour tenter d'obtenir leur part du gâteau au profit du royaume de France. Ribault établit son poste d'approche sur les berges de la rivière St. John's qu'il nomme Fort Caroline.

Cela n'échappe pas à l'œil vigilant des agents qui œuvrent pour le compte du roi d'Espagne, qui décida, trois années plus tard, de revenir en force sur le théâtre des opérations en envoyant Pedro Menéndez prendre contrôle de la péninsule tout en écartant, autant que possible, les Français hors du plan de conquête. Armé jusqu'aux dents, Menéndez s'installe à un endroit stratégique, plus au sud du camp français, pour créer Saint Augustine. Peu après, des éléments fortuits servent bien les desseins des Espagnols. En effet, une tempête tropicale se charge bientôt de détruire la flotte de Jean Ribault. Voyant cela, Menéndez se dirige vers Fort Caroline, où il massacre sans problème et avec la plus grande facilité tous les Français qui se trouvent dans la place. Cependant, un reste d'esprit chevaleresque subsistant encore dans son âme d'aventurier barbare et de pirate, il décide tout de même d'épargner la vie des femmes et des enfants présents.

Pirates, corsaires et boucaniers

Les prétendues richesses de la Floride n'ont pas suscité que l'engouement des Français et des Espagnols. En effet, tout autant que les puissances de l'époque colonisent au nom de leur allégeance respective, les pirates qui écument les côtes et arraisonnent sans merci les galions espagnols ne brandissent pas l'étendard royal, convoitent leur part de butin et sont attirés par l'or de ces nouvelles contrées dont ils rêvaient de s'emparer eux aussi. Plusieurs de ces hors-la-loi des mers, dénommés pirates, brigands, corsaires, flibustiers, forbans, boucaniers ou écumeurs des mers, font beaucoup parler d'eux à cette époque à cause de leurs exploits aussi sanglants que soudains, brutaux et sournois. Les annales de l'époque mentionnent par exemple qu'en 1586 le célèbre corsaire anglais Francis Drake saccagea Saint Augustine après avoir écumé sans vergogne l'Amérique du Sud quelques années plus tôt.

Au cours des siècles qui suivent, la Floride passe rapidement et successivement entre les mains des Anglais, des Français et des Espagnols qui, attaqués tantôt par des pirates, tantôt par les autochtones, et secoués de temps à autre par des tempêtes tropicales plus ou moins dévastatrices, ne peuvent, ni les uns ni les autres, prendre totalement le contrôle de cette terre tant convoitée et maudite tout à la fois.

Tentative de colonisation britannique

Entre 1756 et 1763, la Floride est l'enjeu des ambitions territoriales et coloniales des Français et des Anglais qui se la disputent âprement et en viennent à se livrer une guerre sanglante que les historiens désignent sous le nom de «guerre de Sept Ans». Le traité de Paris, signé en 1763, met fin à cette épisode guerrière qui dura effectivement sept ans, d'où son nom. Au terme de ce traité, l'Espagne consent à troquer la Floride aux Anglais en échange de Cuba. Personne ne semble avoir été satisfait de l'échange, car, 20 ans plus tard, les Anglais rétrocédèrent la Floride aux Espagnols en retour des Bahamas.

Depuis le début de la colonisation de la Floride, un grand nombre d'autochtones sont tués atrocement, décimés par les maladies transmises par les colonisateurs ou tout simplement réduits à l'état d'esclave afin de subvenir aux besoins en main-d'œuvre des nouveaux arrivants. Ne pouvant plus fermer les yeux devant les traitements cruels et sans pitié que les Américains et les Européens leur infligent, certains autochtones, les Séminoles, décident de se révolter. Par conséquent, la première guerre séminole éclate en 1817 au nord de la Floride. Hélas, les Blancs ne veulent pas l'entendre ainsi et réagissent brutalement en capturant, torturant et exécutant les Séminoles qui leur tombent sous la main. Un an plus tard, la première guerre séminole prend fin.

En 1819, deux ans après être devenu le cinquième président des États-Unis, James Monroe veut acheter la Floride aux Espagnols, ainsi qu'il avait fait auparavant pour la Louisiane aux Français, prétextant que la Floride sert de refuge aux esclaves fugitifs et à d'autres «indésirables» (autochtones) qui menacent la sécurité des honnêtes citoyens des États-Unis d'Amérique. Deux ans plus tard, en 1821, en échange de cinq millions de dollars, le marché est conclu. La même année, Andrew Jackson devient le premier gouverneur de la Floride.

En 1826, un phare est érigé à Cape Florida pour servir de repère aux navires qui croisent le long de la côte et éviter qu'ils ne fassent naufrage, car, à cette époque de quête insatiable de biens scintillants, de nombreux corsaires ont l'habitude d'allumer des feux le long de la côte pour attirer l'attention des galions chargés d'or et de richesses. Résultat : les navires s'échouent sur les récifs et les pirates en profitent tranquillement pour arraisonner le bateau.

En 1830, les Américains reluquent avidement les terres des autochtones et passent tout bonnement une loi visant à les expulser de leur territoire. C'est alors qu'un jeune autochtone téméraire dénommé Osceola, mû par un fort élan de patriotisme, part en guerre contre les autorités en place. Un vent de révolte se propage rapidement dans les villages environnants, et il parvient à regrouper les Séminoles sous sa bannière. Inévitablement, la deuxième guerre séminole éclate en 1835 et la Floride devient alors le théâtre de combats sanglants et épiques qui dura sept longues années. Cette guerre sordide et sans merci enlève la vie à environ 3 000 hommes et coûte la somme mirobolante de 20 millions de dollars aux États-Unis. Les Séminoles qui survivent doivent fuir devant l'envahisseur pour chercher refuge vers les mystérieux Everglades.

Durant les années qui suivent, peu de gens veulent élire domicile au sud de la Floride. En effet, la région est infestée de moustiques et de créatures étranges qui bourdonnent sous l'épaisse frondaison de la forêt à laquelle s'ajoute la chaleur étouffante qui y règne en permanence.

La vision de Julia Tuttle

En 1891, une veuve de Cleveland, Julia Tuttle, vient s'installer sur des terres qu'elle a reçues en héritage de son mari et qui se situent dans la région qui deviendra celle de Miami. Nul n'aurait cru que la présence de cette femme allait avoir un impact sans précédant sur l'avenir de Miami. Sa remarquable lucidité est d'abord perçue comme des accès momentanés de folie. Pour commencer, elle se met à acheter des parcelles de terre en friche bordées de marécages insalubres où pullulent des myriades de moustiques et toutes sortes de créatures animales indésirables. Ensuite, elle tente de convaincre Henry Plant, un magnat des chemins de fer sur la côte ouest de la péninsule floridienne, de prolonger sa ligne jusqu'à Miami. Évidemment, elle essuie un refus poli mais sans appel. Son idéalisme et son obstination acharnée l'amèneront à se tourner vers Henry

Morrison Flagler, propriétaire de la Florida East Coast Railway Company, homme d'affaires riche et comblé qui a fait fortune grâce à la construction du chemin de fer sur la côte est floridienne jusqu'à Palm Beach. Tout au long de la voie ferrée, Flagler injecte de grosses sommes d'argent dans l'édification d'établissements hôteliers. À son tour, il fait savoir à la veuve Tuttle qu'il n'y a hélas pas grand intérêt à prolonger la ligne de chemin de fer plus au sud.

PORTRAIT

Vers la fin du siècle, l'avènement d'un climat hivernal rude et très peu favorable à la culture des agrumes dans le nord de la péninsule ruine la quasi-totalité des plantations existant à cette époque. Plusieurs agriculteurs émigrent alors plus au sud et viennent s'établir dans la région de Miami. Julia Tuttle, toujours acharnée à promouvoir son coin de pays, s'avise de mettre à profit les mauvaises récoltes d'agrumes pour relancer Henry Flager, et lui vanter le potentiel économique de la région. La légende veut que, pour lui prouver la douceur du climat, elle lui fasse parvenir des fleurs d'oranger provenant de sa propre plantation de Fort Dallas. Après avoir visité les lieux et obtenu de la veuve Tuttle qu'elle lui cède la moitié de sa propriété, Flager fait construire les divers infrastructures nécessaires à l'édification d'une ville. Dès 1896, la voie ferrée qui relie Jacksonville et Saint Augustine se voit donc prolongée jusqu'à Miami. Quelques semaines plus tard, la région double sa population et devient officiellement la municipalité de Miami. Par la suite, la Florida East Coast Trail est prolongée vers Homestead, et ainsi plusieurs communautés des environs de Miami ont accès également au nouveau chemin de fer.

Le début du mois de février 1898 marque le début d'un nouveau conflit hispano-américain. La cause? Un navire brandissant la bannière étoilée, le *USS Maine*, est coulé dans le port de La Havane dans des circonstances un peu obscures. Mieux armés et préparés, les Américains n'ont aucun mal à régler le compte des Espagnols. Six mois plus tard, l'Espagne doit renoncer définitivement à la Floride, qui devient propriété des États-Unis.

Tableau des principales dates historiques

1492 : découverte du Nouveau Monde par Christophe Colomb.

1497 : Jean Cabot longe la côte floridienne.

1512 : Ponce de León quitte Puerto Rico à la recherche de la fontaine de Jouvence.

1521 : la deuxième tentative de Ponce de León pour trouver la fontaine de Jouvence échoue lamentablement alors qu'il est blessé durant une sanglante bataille contre les autochtones. Il meurt quelques semaines plus tard.

1539 : le conquistador Hernando de Soto part explorer la Floride en espérant de trouver l'Eldorado, mais en vain.

1542 : Hernando de Soto meurt.

1562 : le Français Jean Ribault fonde Fort Caroline.

1565 : l'Espagnol Pedro Menéndez fonde Saint Augustine, puis détruit Fort Caroline.

1756 : début de la guerre de Sept Ans entre les Français et les Anglais.

1763 : fin de la guerre de Sept Ans entre les Français et les Anglais.

1817 : la première guerre séminole éclate.

1821 : les Américains achètent la Floride aux Espagnols.

1835 : la deuxième guerre séminole éclate.

1891 : Julia Tuttle s'installe à Miami.

1896 : Miami s'inscrit officiellement dans les annales de l'histoire.

1926 : un ouragan dévastateur s'abat sur Miami.

1929 : krach boursier.

1947 : les Everglades sont déclarés parc national.

1959 : la bourgeoisie cubaine s'exile à Miami après l'accession de Fidel Castro au pouvoir.

1961 : la crise des missiles éclate entre les Soviétiques et les Américains. Durant la même année, les Américains tentent d'envahir Cuba mais sans succès. Un embargo est décrété contre Cuba.

1980 : autre vague d'immigrants cubains vers Miami.

1992 : l'ouragan Andrew frappe le sud de la Floride.

1997 : le célèbre couturier italien Gianni Versace est assassiné.

Le XXᵉ siècle

Miami commence vraiment à se développer avec l'avènement du XXᵉ siècle, alors que des hôtels, des villas et des commerces y voient le jour. En 1906, on commence à assécher les Everglades afin de cultiver d'autres terres. De plus, des parcelles de terres commencent à être vendues. Dès 1910, la population de Miami dépasse déjà les 5 000 habitants. L'un de ces acheteurs, John Collins, jouera aussi un rôle dans l'édification de la ville. Collins acquiert des propriétés sur l'une des îles émergeant à l'est du continent et décide de la relier à Miami en construisant un pont. La première pierre pour construire Miami Beach est ainsi posée. Faute de ressources financières, Collins doit se tourner vers un autre homme d'affaires pour réaliser son projet, Carl Fisher. Celui-ci accepte en échange de propriétés sur l'île. En 1915, Fisher décide d'assécher le marécage grouillant de créatures animales douteuses de la baie de Biscayne et de le transformer en plage où se dresseront bientôt hôtels, restaurants et villas.

Durant la Première Guerre mondiale, les plages de Miami deviennent un lieu d'entraînement pour les combattants qui doivent ensuite être envoyés sur le front européen. Les hôtels et les restaurants luxueux de l'époque furent alors transformés en dortoirs et en cafétérias pour les troupes en garnison.

Après la guerre, vers 1924, la ville continue de se développer du fait d'activités douteuses : gangstérisme, prostitution et marché noir. Miami compte désormais quelque 30 000 habitants, alors que les quartiers de Coral Gables et de Coconut Grove viennent se greffer à la ville. Deux ans plus tard à peine, la mauvaise humeur de Dame Nature se manifeste sous la forme d'un ouragan très dévastateur qui ravage la péninsule et fait s'écrouler d'un coup son économie jusqu'alors florissante. Un malheur n'attend pas l'autre, lorsque qu'à peine remise des ravages causés par l'ouragan de 1926, le krach boursier de 1929 et la «Grande Dépression» qui s'ensuit secouent la nation tout entière sans épargner la Floride. Plusieurs riches personnages voient soudain leur fortune s'écrouler devant eux et sont ruinés sans préavis. Durant toute cette période de troubles successifs, Miami se moque de la Prohibition en étant tolérante face aux problèmes de l'alcool et de la contrebande de toutes sortes. En 1930, le président Roosevelt met en œuvre une série de travaux publics visant à relever Miami de ses ruines.

Les travaux vont bon train, mais la ville semble toujours sous l'emprise du mauvais sort qu'on lui aurait jeté, car cinq ans à peine s'écoulent avant qu'un second ouragan, aussi terrible que le précédent, ne vienne à nouveau frapper la contrée pour détruire tout sur son passage. Malgré ce mauvais sort, la ville parvient à se relever encore une fois. L'entre-deux-guerres voit apparaître les célébrissimes édifices Art déco qui bordent Ocean Drive (promenade de bord de mer de couleur en rose). Pour faire contrepoids à la grisaille qui accompagne la «Grande Crise», les architectes d'alors érigent des bâtiments aux façades dotées de formes géométriques singulières. Il faudra attendre la fin des années soixante-dix pour que les centaines de spécimens d'édifices soient colorés de rose, de bleu, de jaune et d'autres couleurs pastel. Par conséquent, le quartier Art déco figure depuis 1979 sur la liste du patrimoine historique américain, avec environ 800 bâtiments érigés entre 1923 et 1943, et est proclamé lieu historique national.

Durant la Deuxième Guerre mondiale, les plages de Miami se voient à nouveau occupées par des militaires. L'armée prend alors possession des divers infrastructures touristiques en bord de mer et le paradis redevient à nouveau une véritable base d'entraînement pour les soldats se préparant à aller sur le front européen. Plusieurs d'entre eux s'installeront d'ailleurs définitivement à Miami après la guerre. En 1947, plus au sud de Miami, le parc national des Everglades est créé par le président Truman.

PORTRAIT

L'exode des Cubains

L'année 1959 marque un moment important dans la courte histoire de la ville. Mécontente de l'avènement au pouvoir à Cuba du célèbre leader marxiste Fidel Castro, la bourgeoisie cubaine, délogée brutalement du pouvoir, doit s'exiler vers Miami si elle ne veut pas perdre ses acquis. C'est le début de l'implantation d'une importante communauté cubaine à Miami. Deux ans plus tard, le 17 avril 1961, le gouvernement américain, avec l'appui tacite d'une centaine de contre-révolutionnaires cubains, essaie d'envahir Cuba et de chasser Castro dans la baie des Cochons. Mais cette tentative échoue lamentablement et le géant américain doit rentrer chez lui penaud. Non seulement Kennedy paraît mal, mais il doit se préparer pour le sommet de Vienne visant à déterminer l'avenir de Berlin. À la suite de l'échec évident des Américains, le Soviétique Nikita Khrouchtchev adopte la ligne dure lors des négociations. Par conséquent, le mur de Berlin est érigé en août 1961. L'année suivante rime avec la crise des missiles. En effet, la CIA découvre par satellite à Cuba des installations militaires stratégiques quelque peu menaçantes en pleine guerre froide (Kennedy-Khrouchtchev). Le monde entier retient son souffle durant ce point culminant de la tension entre les deux superpuissances mondiales. Le tout se résout, les États-Unis ayant accepté de ne plus attaquer Cuba et que l'URSS ayant gentiment retiré ses missiles entreposés chez Fidel Castro.

Alors que la décennie précédente a favorisé les échanges entre les gangsters de l'île de Batista et les plages de Miami, la décennie suivante, quant à elle, marque une rupture totale entre les États-Unis et Cuba. Dans la population cubaine de Miami, on comprend qu'un retour à la terre natale est désormais impossible.

L'année 1965 rappelle les *Freedom Flights* : à raison de deux vols par jour, on réussit à évacuer environ 100 000 Cubains pour les emmener à Miami cette année-là. L'augmentation constante de la population cubaine est équivalente à la montée de la frustration dans les ghettos noirs de la ville et d'un ras-le-bol généralisé dans cette communauté. La soupape ne tarde pas à exploser quelques années plus tard, alors qu'un jeune Noir est soumis à la torture par deux officiers de police. C'est le début d'une série d'émeutes qui ponctuent l'actualité politico-sociale des prochaines décennies. On parle de plus d'une dizaine d'émeutes rien que dans les années soixante-dix.

L'arrivée des Haïtiens

Si Fidel Castro est directement responsable du débarquement en masse des exilés cubains à Miami, le régime dictatorial des Duvalier, père et fils, suivi de celui de Cédras, a provoqué l'exil à Miami de nombreux Haïtiens. Résultat, durant les années quatre-vingt, le quartier dénommé Lemon City est renommé Little Haiti en raison de l'arrivée des exilés haïtiens. Peu fréquenté par les touristes, ce quartier interlope est dans l'ensemble mal entretenu, et l'on vous déconseille même vivement de vous rendre seul dans certains endroits plutôt mal famés. Si les Cubains furent bien reçus par les Américains, les Haïtiens eurent un peu plus de difficulté à s'installer en pleine époque de tensions raciales élevées. En effet, ces nouveaux arrivants avaient malheureusement deux gros problèmes : ils étaient noirs et ils ignoraient l'usage de l'anglais.

En 1980, soit 21 ans après avoir pris le pouvoir, Castro ouvre à nouveau ses portes! Tous les Cubains désireux de quitter leur île natale peuvent se rendre au port de Mariel et... prendre le large. Près de 120 000 *Marielitos* pagayent tant bien que mal vers la péninsule floridienne. Certains d'entre eux sont des criminels au regard patibulaire que Castro envoie intentionnellement au géant américain et à la communauté anti-castriste cubaine de Miami pour s'en débarrasser à peu de frais...

L'affreux, la bête et le méchant : Papa Doc, Baby Doc et Cédras

Né à Port-au-Prince en 1907, François Duvalier, également connu sous le nom de Papa Doc, accède à la présidence d'Haïti en 1957 et a le culot de s'auto-proclamer président à vie en 1964, et de s'attribuer par conséquent un pouvoir semblable à celui d'un monarque incontesté, avec l'intention même de le rendre héréditaire. Par la suite en effet, s'appuyant sur sa garde prétorienne, les sinistres tontons macoutes, l'abject dictateur Duvalier n'a rien trouvé de mieux pour asseoir son pouvoir que de faire régner sur tout le pays un régime policier de plus en plus répressif, et carrément de terreur, à l'encontre de tous ceux qui lui étaient insoumis. Au fil des années, il amende la constitution afin que son fils Jean-Claude puisse éventuellement lui succéder. Au début des années soixante-dix et des années quatre-vingt, deux vagues d'immigration haïtienne ont lieu successivement. En effet, de nombreux Haïtiens préférant fuir vers l'inconnu et l'incertitude plutôt que de vivre sous le régime des Duvalier, se lancent à la mer dans des embarcations de fortune et un certain nombre réussit à atteindre Miami, mais beaucoup d'autres connaissent un destin infiniment plus tragique et sombrent à tout jamais dans la mer. Confrontés au besoin normal de se regrouper et de s'entraider en terre étrangère, ceux qui survivent aux maints périls affrontés au cours de cette aventure maritime forment peu à peu à la périphérie de Miami un quartier bien délimité connu aujourd'hui sous le nom de Little Haiti. Durant les années quatre-vingt, Jean-Bertrand Aristide, prêtre salésien, proteste vivement contre le régime de Jean-Claude Duvalier. Ses efforts ne sont pas vains puisqu'il est élu président d'Haïti en 1991. Toutefois, le 30 septembre 1991, le général Raoul Cédras prend la tête d'un violent et même sanglant coup d'État ourdi par un quarteron d'officiers traîtres à la patrie. Ce nouveau coup de force flétrit un peu plus l'histoire calamiteuse de ce pauvre pays et force Aristide à fuir aux États-Unis. Au cours de la nouvelle période de misère noire qui s'ensuit, de nombreux Haïtiens prennent le large pour fuir à nouveau cet autre régime dictatorial et beaucoup d'entre eux trouvent refuge à Miami, mais, encore une fois, beaucoup d'autres échouent. Puis, en 1994, le gouvernement américain ayant négocié le départ de Cédras en lui offrant l'asile politique, un contingent de militaires américains arrive à Port-au-Prince et s'empresse de rendre la présidence à Aristide. L'opération est un succès, du moins sur le plan politique, mais la situation économique du pays, la pire en Amérique, reste catastrophique et préoccupante pour tous les pays voisins d'Haïti.

Dans les années quatre-vingt, la ville devient «la» porte d'entrée des narcotiques (cocaïne, haschisch et autres substances illicites) au pays du coca-cola. À cette époque, la communauté noire descend dans les rues à la suite des violences raciales, elles-mêmes faisant suite à des violences policières. Au printemps 1980, quatre policiers blancs accusés d'avoir battu et tué un suspect noir sont déclarés non coupables. Résultat : trois jours de violences extrêmes s'ensuivent dans les rues de Miami. Le bilan est lourd : 18 morts, 80 millions de dollars de dommages et plus de 1 000 arrestations.

En 1988, le congrès des États-Unis vote contre l'aide militaire aux contras du Nicaragua. Par conséquent, des milliers de Nicaraguayens fuient leur pays pour s'établir à Miami. À cette époque, un peu plus de 60% de la population de Miami parle l'espagnol. Par conséquent, durant la même année, le journal *Miami Herald* décide de publier un quotidien espagnol, *El Heraldo*. Celui-ci est tout à fait indépendant de l'édition anglaise.

Au début de 1989, un policier d'origine hispanique tire sur deux jeunes Noirs en mobylette à Overtown. L'un d'eux, Clement Lloyd, meurt sur le champ. Des manifestations violentes et intempestives ont lieu pendant trois jours. Le tout se solde avec la mort de trois autres personnes, plus d'un million de dollars de dommages et près de 500 arrestations. Par une triste ironie du sort, ces événements ont débuté lors du jour anniversaire de la mort de Martin Luther King, soit le 19 janvier. Alors que la ville semble sombrer dans la déchéance et l'anarchie totale, la série télévisée *Miami Vice* et les divers photographes de mode redorent le blason de Miami.

En 1992, l'ouragan Andrew frappe durement le sud de la Floride avec des vents atteignant plus de 200 km à l'heure.

Nonobstant son aspect dévastateur et meurtrier, l'ouragan soude des liens plus étroits entre les différentes ethnies qui cohabitent dans la région mais qui, pour une fois du moins, travaillent solidairement à réparer les dégâts et joignent leurs efforts pour relever la ville et sa périphérie.

Le 15 juillet 1997, Miami pleure la mort du célèbre couturier italien Gianni Versace, assassiné subitement ce jour-là par un jeune désespéré.

POPULATION

Miami compte environ 380 000 habitants et sa zone métropolitaine près de 2 millions d'habitants. En déambulant dans les rues de Miami, ne vous étonnez pas de croiser une foule bigarrée et on ne peut plus multiethnique. En effet, lorsqu'en 1959 un fort contingent de la bourgeoisie cubaine vint s'installer ici pour fuir massivement le régime abhorré de Fidel Castro qui venait d'usurper le pouvoir, ce fut le prélude pour que d'autres vagues successives d'immigration d'origines ethniques diverses viennent ultérieurement s'ajouter à lui. Ces migrations accélérées de populations nouvelles et contrastées eurent tôt fait de transformer le visage de cette ville du sud en un vrai bouillon de culture. Aujourd'hui, les Latino-Américains réfugiés à Miami, toutes origines confondues, représentent environ 50% de la population totale du Dade County, 43% pour être plus précis. Par conséquent, l'espagnol y est parlé presque aussi souvent que l'anglais et l'on entend souvent parler le *spanglish*, mélange d'espagnol et d'anglais. Mis à part les Cubains, on trouve également, entre autres, des Nicaraguayens, des Porto-Ricains, des Mexicains, des Colombiens et des Péruviens qui ont choisi Miami comme terre d'asile et qui ont décidé d'y tenter leur chance en poursuivant en plein XXe siècle *the american dream* des premiers colons et aventuriers venus peupler le Nouveau Monde.

Les Cubains

L'exil de la bourgeoisie cubaine à laquelle se sont ajoutées d'autres vagues d'exilés cubains en 1965, au début des années soixante-dix, en 1980, puis plus récemment encore entre 1994 et 1996, fait en sorte qu'aujourd'hui le quartier dénommé Little Havana est sans doute devenu la plus grande enclave cubaine établie à l'extérieur de Cuba. Au total, on dénombre près de 700 000 cubains dans la grande région de Miami. Par conséquent, la présence cubaine se fait sentir dans toutes les strates de la société, des restaurants aux boîtes de nuit, de la musique aux commerces. Qui plus est, en 1985, la population a élu le premier maire hispanique de la jeune histoire de Miami, le Cubain Xavier Suárez.

Les Haïtiens

De nombreux Haïtiens ont également fui leur terre natale en raison du régime dictatorial imposé par les Duvalier père et fils pour venir s'installer à leur tour à Miami. Ceux-ci se sont regroupés dans un quartier dénommé jadis Overtown, surnommé ensuite *Colored Town*, parce que des Noirs originaires des Caraïbes (Bahamas, Trinidad et Tobago) y vivaient déjà. Aujourd'hui, ce quartier est appelé Little Haiti. Il arrive même parfois que quelques chauffeurs de taxi d'origine haïtienne puissent vous adresser la parole en français avec l'accent créole.

Les Juifs

Jusqu'au début des années quarante, les Juifs n'avaient pas le droit de s'installer au delà de 5th Street. De nos jours, ils forment à Miami la troisième plus grande enclave juive aux États-Unis après Los Angeles et New York. De plus, synagogues et *delis* attestent de la présence de ce peuple et il n'est donc pas rare d'entendre parler le yiddish un peu partout dans la ville.

Les Nicaraguayens

Au cours des années quatre-vingt également, une autre vague d'immigration d'origine latine s'est ajoutée aux deux autres à la suite de la guerre opposant les États-Unis aux sandinistes. Aujourd'hui, les Latino-Américains réfugiés à Miami, toutes origines confondues, représentent 43% de la population totale du Dade County. Par conséquent, l'espagnol y est parlé presque aussi souvent que l'anglais.

Les *snowbirds*

Tous les ans, peu avant la grande offensive de l'hiver canadien ou américain, les *snowbirds* déferlent en grand nombre sur les plages de la Floride. Le nom *snowbirds* désigne des Québécois ou, plus généralement, des Canadiens, la plupart du temps retraités, qui refusent d'affronter les hivers rigoureux que subit leur pays et qui préfèrent s'envoler le moment venu vers le soleil radieux de la Floride. Beaucoup d'entre eux y ont élu domicile de façon saisonnière sinon permanente.

ÉCONOMIE

Depuis les années quatre-vingt, Miami a vu une part de plus en plus grande de ses immeubles de bureaux du centre-ville occupés par nombre de firmes latino-américaines, étrangères et locales ayant décidé d'en faire leur siège social. En effet, grâce à sa situation géographique stratégique, la ville agit comme charnière entre l'Amérique du Nord et l'Amérique du Sud. Qui plus est, son port maritime est l'un des plus grands de la planète et voit plus de 3 millions de passagers défiler chaque année.

Par ailleurs, en raison du *facelift* de South Beach visant à redorer l'image de Miami et de l'implantation de mesures de sécurité accrues afin de permettre aux visiteurs de se déplacer à leur aise, l'industrie touristique connaît une croissance phénoménale depuis le début des années quatre-vingt-dix. En 1997, plus de 14 millions de visiteurs ont séjourné dans la grande région de Miami. De plus, environ 120 300 personnes occupent un emploi directement lié à l'industrie touristique. Cela, ajouté aux nombreuses compagnies de télévision et du septième art qui viennent utiliser South Beach et ses environs comme toile de fond à leurs prises de vues, fait que bien des gens en plus des touristes viennent également dépenser ici beaucoup de billets verts dans l'hébergement, la restauration et bien d'autres commerces.

L'industrie de la mode est également florissante. Depuis que la série télévisée *Miami Vice* a véhiculé des images de flics drapés dans des costards signés Armani ou autres couturiers notoires, l'industrie de la mode et de la confection de vêtements en tout genre connaît une croissance soutenue année après année. Les rues et les artères de la ville sont en effet flanquées de boutiques qui tentent pour se distinguer de repousser toujours plus loin les limites de l'esthétique.

Finalement, activité commerciale illégale, l'industrie de la drogue génère beaucoup de dollars dans la ville et dans ses environs. En effet, l'émission de télévision *Miami Vice* montrant des policiers qui vivaient des histoires alambiquées, là où le monde interlope de la drogue se mêlait à celui des flics et de la mode, s'est évidemment inspirée de la réalité et de la fiction...

CULTURE

Musique

Gloria Estefan

Née à Cuba, Gloria Fajardo émigra avec sa famille à Miami au jeune âge de deux ans. Durant les années soixante-dix, elle joignit le groupe de son futur époux, Emilio Estefan et le Miami Sound Machine. Après que Gloria et Emilio se furent mariés en 1978, Estefan et la Miami Sound Machine enregistrent de nombreux albums jusqu'au début des années quatre-vingt. En 1987, le groupe adopta un nouveau nom, Gloria Estefan and the Miami Sound Machine. Gloria Estefan lança sa carrière solo en 1989. Malheureusement, peu après, elle fut impliquée dans un terrible accident de la route dans lequel elle se fractura une vertèbre. Elle put retourner en studio en 1991.

Chris Blackwell

Rejeton de planteurs jamaïcains, Chris Blackwell s'aperçoit assez tôt qu'il a un don pour repérer le talent musical. Durant les années soixante, il réussit à faire signer Jimmy Cliff et Bob Marley chez lui. De plus, il travailla avec Jethro Tull et découvrit plus tard la chanteuse Grace Jones. Homme aux multiples talents, il fut également adjoint au producteur pour le premier film de James Bond, *Dr. No*. Il possède des résidences à Londres, Nassau, New York et Miami. L'une de ses entreprises, Island Post, est une petite chaîne d'hôtels dont les établissements ont pignon sur rue à South Beach, en Jamaïque et aux Bahamas. Propriétaire du méga-empire d'Island Records, il fit en sorte que U2 signe chez lui et enregistre l'un de leurs albums dans le studio de 64 pistes de l'hôtel Marlin à South Beach.

PORTRAIT

Cinéma

Plusieurs films ont été tournés dans le sud de la Floride. Parmi les classiques, mentionnons *Citizen Kane*, *Scarface*, *A Hole in the Head*, *Dr. No*, *Live and Let Die*, *Goldfinger* et *Where the boys are*. *True Lies*, *The Birdcage*, *There's Something About Mary*, *The Holy Man* et *Analyze This* comptent parmi les réalisations récentes. Le film québécois *La Florida* fut tourné à Hollywood.

Architecture

Art déco

L'Art déco éclate sur la scène internationale au cours des années vingt. Il tire son nom et ses origines de l'Exposition internationale des arts décoratifs industriels et modernes qui eut lieu à Paris, en 1925. Cette nouvelle forme d'art combine brillamment les arts décoratifs – soit l'art appliqué aux objets utilitaires comme l'ameublement et le design intérieur – et les progrès technologiques et industriels du temps. Fruit mûr de cette fusion d'idéologies, l'Art déco vient marquer le tempo d'une époque de progrès. Non seulement cet art symbolise-t-il une conception nouvelle des arts appliqués, mais aussi une nouvelle façon de vivre.

À la suite des conséquences désastreuses de la Première Guerre mondiale, tout un chacun cherchait à remiser tristement le passé en se tournant vers un avenir que l'on souhaitait meilleur grâce à la reprise économique et à l'avènement plein de promesses de la technologie. Cette forme d'art devient vite synonyme pour une certaine élite européenne et américaine de la condition humaine d'entre les deux guerres. Produit de réflexion des années vingt, l'Art déco talonne les années folles et brave la Dépression et la Prohibition des années trente. Par l'entremise de cet art, on cherche à redéfinir le passé afin de créer et valoriser un point de vue totalement nouveau et strictement moderne. S'inspirant des courants artistiques du temps nés en Europe avant même la Première Guerre mondiale, tels l'art nouveau, le réalisme, le cubisme et le design industriel, l'Art déco puise aussi dans les richesses de la Grèce classique, de la Rome antique, du Moyen-Orient et de la nature sauvage. De plus, on préfère les formes économiques aux fioritures du passé. La symétrie, l'aérodynamisme et la simplicité des formes expriment la montée de la technologie et du commerce au sein de la société. Usant d'une palette vibrante de couleurs, l'Art déco fait éclater toute tradition archaïque et superflue au profit d'un modernisme pur et géométrique, et rend hommage au siècle de la machine.

Comme son nom l'annonce, l'Art déco englobe les arts dits décoratifs, dont, entre autres, la peinture, la sculpture, l'orfèvrerie, l'ameublement, les céramiques, les verreries et les vitraux. Or, sa portée s'étend jusqu'à inclure l'architecture, qui en sera considérablement nourrie et enrichie au fil des ans. À titre d'exemple universel, citons l'Empire State Building. Érigé au cœur de la ville de New York durant les années vingt et trente, cet édifice figure parmi les représentations de design architectural Art déco les plus proéminentes du siècle. Son sommet à trois paliers évoque les pyramides égyptiennes et aztèques, tandis que son mât – point d'amarre destiné aux dirigeables – symbolise l'ère des transports et l'avènement du siècle de la machine. À la pureté des lignes droites, l'art incorpore des motifs géométriques, des symboles industriels modernes, des formes naturelles abstraites ainsi que des vestiges d'un passé lointain empruntés aux cultures maya, égyptienne ou autochtone. Les couleurs vives rappellent celles des pierres précieuses.

Dès les années vingt, la vague Art déco déferle sur Miami, qui connaît alors un essor de population et un développement architectural sans pareils. Ainsi, entre 1923 et 1943, des centaines d'édifices à la symbolique Art déco voient le jour dans cette ville florissante et forment un quartier maintenant considéré comme historique : South Beach. En effet, les hôtels de South Beach forment l'un des plus riches ensembles Art déco du monde. Certains d'entre eux adoptent un style Art déco vertical et géométrisant, alors que d'autres constituent d'excellents exemples du *Streamlined* ou style paquebot, qui s'inspire de l'aérodynamisme des moyens de transport de l'entre-deux-guerre.

PORTRAIT

Par son style coloré et contemporain, l'Art déco forme un mariage heureux avec le décor somptueux et tropical de Miami ensoleillée. Il lui confère une nouvelle personnalité en usant de matériaux locaux tel le stuc, des clefs de voûte, des sols de mosaïque et des verreries. Aux principes établis de l'Art déco, on ajoute des motifs tropicaux (frondes de palmier et flore exotique) et nautiques (oiseaux aquatiques, paquebots). Un engouement prononcé pour les bains de soleil dans les années vingt se traduit par l'apparition du Dieu-Soleil, autant dans la décoration intérieure qu'extérieure des maisons et des édifices. Il existe d'ailleurs différentes variantes sur le thème de l'Art déco inspirées, par exemple, de styles *Mediterranean Revival*, *Classical Revival*, *Post War Deco* et *Post War Modern*, après la Deuxième Guerre mondiale.

Autres styles

Mis à part l'Art déco, d'autres styles architecturaux sont présents à Miami. Le quartier de Coral Cables se distingue par une architecture alambiquée et classique, et doit son existence à l'excentrique George Merrick. Aidé de l'architecte Frank Button et de l'artiste Denman Fink, Merrick fonda le chic et raffiné quartier de Coral Gables. L'ensemble est un curieux mélange de style colonial, italien, néoclassique et méditerranéen, fait de rues étroites et sinueuses bordées de palmiers portant des noms espagnols inscrits sur une pierre blanche à même le sol, et l'on utilise parfois les coraux comme matériau de construction. Pour réaliser leur rêve, Merrick et ses acolytes ont dépensé plus de 100 millions de dollars. À titre d'exemples marquants, The Biltmore Hotel et The Venitian Pool ont défié le poids des années et comptent à notre époque parmi les témoins architecturaux les plus représentatifs du début de ce siècle.

Tous ceux qui apprécient le corail comme matériau de construction ne voudront sûrement pas manquer d'aller visiter le Coral Castle. Situé au sud de Miami, à Homestead, le Coral Castle est le résultat du travail étonnant d'un Letton qui consacra pas moins de 28 années de sa vie à déplacer, façonner et sculpter inlassablement d'énormes coraux sans aucune aide mécanique ou humaine. Parmi quelques-unes des réalisations les plus fantastiques à son actif, mentionnons le télescope et le croissant de lune.

Les années cinquante et soixante sont marquées par une explosion du marché touristique, donnant lieu à l'érection de vastes complexes hôteliers, le plus souvent aménagés directement au bord des plages. Ceux-ci adoptent une architecture moderne faite de béton, de verre et d'acier. On se permettra toutefois quelques fantaisies propres aux stations balnéaires, notamment dans les enseignes et les marquises de ces établissements (zigzags, courbes, losanges). L'objectif ultime des concepteurs consistera toutefois à maximiser depuis les différentes chambres d'hôtel les vues qu'on a sur la mer. L'un des architectes les plus marquants de cette période est Morris Lapidus, celui qui a signé la facture des fastueux hôtels Fontainebleau et Eden Roc.

Au cours des années quatre-vingt, la ville de Miami a vu s'élever sur son territoire plusieurs gratte-ciel dont l'illumination nocturne a été savamment étudiée, donnant à la ville des airs futuristes. Toutefois, certaines incongruités s'ajoutèrent à ces édifices modernes. Parmi celles-ci, mentionnons l'Atlantis, dont la façade vitrée reluisante comporte en son centre une ouverture béante par laquelle on peut observer un palmier et un escalier rouge en spirale. Tous ceux qui suivaient la série policière *Miami Vice* l'auront sans doute remarqué à l'ouverture de l'émission.

VIE GAY ET LESBIENNE

Elle est loin l'époque où les policiers effectuaient des descentes en hélicoptère sur les plages de Miami afin de disperser les «indésirables» pour casser les mœurs des gays. En effet, aujourd'hui, Miami Beach est devenu «le» lieu de rencontre des gays de toutes provenances et aux allures différentes.

Holly Woodlawn

PORTRAIT

Harold Ajzenberg est une *drag queen* connue sous le nom de Holly Woodlawn. Né le 26 octobre 1946 à Puerto Rico d'une mère portoricaine et d'un père américain de descendance allemande, Ajzenberg fut élevé seul par sa mère lorsque son père décida de prendre la poudre d'escampette. Lorsqu'il a trois ans, sa mère et lui déménagent à New York, où elle débute une relation avec un Polonais d'origine juive, Joseph Ajzenberg. Lorsque Ajzenberg entend parler de l'ouverte prochaine du méga-complexe hôtelier Fontainebleau à Miami Beach, il prépare sa valise et déménage à Miami avec Harold et sa mère. Ajzenberg réussit à dénicher un emploi au Fontainebleau. À cette époque, Harold découvre sa sexualité et commence à fréquenter la plage gay de South Beach, prenant l'habitude d'emprunter secrètement la voiture de son beau-père lorsque celui-ci travaille à l'hôtel. L'inévitable se produit lorsque son beau-père décide d'écourter sa journée de travail... Furieux, il corrige Harold puis l'interroge sur son orientation sexuelle. Harold avoue et sera envoyé à l'institut correctionnel. Peu après, il décide de quitter Miami pour New York et de changer d'identité : le timide Harold Ajzenberg deviendra l'extravagante Holly Woodlawn. Woodlawn arrive à New York au moment où Andy Warhol et le *Velvet Underground* focalisent l'attention artistique dans le *Factory*. Woodlawn figura dans des films obscurs, travaille comme *go-go girl* et est souvent intoxiqué par l'alcool, drogué et mêlé à des histoires à scandales de tout acabit. Lorsque le *Velvet Underground* se sépare, l'un de ses fondateurs, le désormais célèbre Lou Reed, entreprend une carrière solo et compose un classique qui continue à défier le poids des années, *Take a walk on the wild side*. Le couplet d'ouverture est inspiré de l'histoire alambiquée de Holly Woodlawn, tandis que les autres personnages étranges ont pour la plupart évolué dans le *Factory* de Warhol durant les années soixante. Si vous êtes intéressé à lire davantage sur Holly Woodlawn, procurez-vous le livre *A low life in high heels, The Holly Woodlawn story*. Madona l'a trouvé tellement intéressant qu'il lui acheta ses droits d'auteur, mais personne ne peut affirmer ce qu'elle compte en faire.

Holly came from Miami F.L.A.
hitch-hiked her way across the U.S.A.

Plucked her eyebrows on the way
shaved her legs and then he was a she
She says, hey babe, take a walk on the wild side
said, hey honey, take a walk on the wild side

Lou Reed

 SPORTS PROFESSIONNELS

Les sports professionnels occupent une place importante dans la vie quotidienne des Américains et les Miamiens n'y font pas exception. Depuis longtemps, les vedettes sportives profession- nelles sont portés au pinacle pour leurs exploits et conspués lorsqu'ils ne vivent pas à la hauteur de leur talent. Certains d'entre eux sont issus de milieux défavorisés et ont dû passer à travers de nombreuses épreuves difficiles avant d'atteindre le statut de vedette. Hélas, beaucoup d'entre eux réagissent comme des enfants gâtés, car ils ne savent pas comment composer avec la pression de la gloire et de l'argent. Par conséquent, il n'est pas rare que ces dieux du stade défrayent la manchette en étant impliqués dans des scandales sexuels ou de drogue. De nos jours, les partisans sont beaucoup moins patients et tolérants envers ces athlètes à cause des contrats démesurés qu'ils signent. En effet, les journalistes et les amateurs ont le propos virulent et ne se gènent pas pour condamner à cor et à cri les moindres défaillances de ces super- vedettes. L'escalade galopante des salaires dans le sport professionnel fait en sorte qu'aujourd'hui le salaire moyen au basket-ball tourne autour de 2,8M$US par année. Au hockey, il se situe près de 1,17M$US alors que la Ligue nationale de football suit avec 1M$US. Quant au salaire moyen au baseball, il est passé à 1,7M$US. Le lanceur droitier Kevin Brown a largement contribué à faire augmenter le salaire moyen de ses pairs en devenant le premier joueur à parapher une entente de plus de 100 millions! Brown s'est ainsi entendu avec les Dodgers de Los Angeles en apposant sa signature au bas d'un contrat insolent d'une durée de sept ans d'une valeur de 105M$US, qui lui apportera la modique somme de 15M$US par année... Le lanceur Randy Johnson a signé un contrat de quatre ans qui lui rapportera 53 millions de dollars (donc un salaire annuel de plus de 13 millions de dollars!). Le receveur des Mets de New York s'est vu accorder 91 millions pour sept ans...

Évidemment, le droit d'entrée demandé pour aller voir ces athlètes en action est assez élevé. Malgré tout, cela ne semble pas dissuader les partisans qui continuent à débourser le prix demandé pour applaudir ces sportifs en action.

PORTRAIT

Football

Le Pro Players Stadium abrite les Dolphins de Miami, l'équipe de football professionnelle locale. L'équipe possède une riche tradition débutant avec la naissance de la concession l'année de la fusion de l'AFL, l'American Football League, et de la NFL, la National Football League, (1966), qui marque aussi l'apparition du premier Super Bowl. Dirigés pendant 25 années consécuti-ves par Don Shula, l'entraîneur comptant le plus de victoires de l'histoire de la ligue (347-173-6), les Dolphins ont remporté deux Super Bowls consécutifs lors des saisons 1972 et 1973, devenant en 1972 et jusqu'à ce jour la seule équipe du sport professionnel à accomplir une saison parfaite (17-0). La tradition d'«offensive aérienne» de l'équipe connaît son apogée pendant les années quatre-vingt, alors que Dan Marino fracasse tous les records de passes de la ligue pour finalement supplanter Frank Tarkenton en 1995 et ainsi devenir le plus grand passeur de tous les temps. En 1996, Don Shula cède son poste à Jimmy Johnson, l'entraîneur ayant mené les Cowboys de Dallas à leurs deux conquêtes du Super Bowl de 1992 et 1993. Jimmy Johnson promet alors de bâtir une équipe de champions en trois ans, période au cours de laquelle il refa-çonne l'équipe à l'image de celle de Dallas, ancrée sur une puissante attaque au sol et une défensive rapide et agressive. Les matchs impliquant les Dolphins contre leurs rivaux division-nels (Jets, Patriots et Bills) constituent des rencontres de choix, émotionnelles et compétitives, qui devraient offrir au spectateur la chance de juger si l'ère Johnson permettra aux Dolphins de remporter un nouveau Super Bowl. Le 28 décembre 1997, la saison des Dolphins prend fin alors qu'ils s'inclinent 17 à 3 face aux Patriotes de la Nouvelle-Angleterre en première ronde des séries éliminatoires. Ce fut la première fois que les Dolphins se qualifiaient pour les séries avec Johnson à la barre de l'équipe.

Dan Marino

Même s'il a vu le jour dans la «ville de l'acier», Pittsburgh, Dan Marino reste indissociable de Miami. Après avoir connu une brillante carrière universitaire, ce «quart arrière» endosse l'uniforme des Dolphins de Miami depuis 1983 et a inscrit son nom à maintes reprises dans le livre des records de la Ligue nationale de football. Reconnu comme l'un des plus grands «quarts arrière» de tous les temps, Marino entreprendra sa 17e saison avec les Dolphins en 1999. Avec Dan Fouts, il est le seul à réussir l'exploit de cumuler 4 000 verges de passes durant trois saisons consécutives. De plus, il détient le record de neuf saisons consécutives avec 3 000 verges. Par ailleurs, il joua un caméo dans le film *Ace Ventura : Pet Detective* (filmé en Floride), et il est aussi impliqué dans différents organismes de charité de la région.

Don Shula

À l'instar de Marino, Don Shula est connu de tous les amateurs de football de Miami en raison de sa fiche gagnante à la barre des Dolphins de Miami. Il fut d'abord l'entraîneur en chef des Colts de Baltimore durant 7 ans avant de passer les 26 saisons suivantes à Miami. Malgré sa feuille de route éloquente de 347 victoires en 33 saisons au poste d'entraîneur (seules 5 autres personnes ont gagné la moitié de ce chiffre), Shula est surtout reconnu pour avoir conduit les Dolphins à l'unique saison parfaite de l'histoire de la Ligue nationale de football en 1972, alors que son équipe termina l'année avec 17 victoires contre aucune défaite. Exploit d'autant plus méritoire que sa défensive était traitée de *no name defense*, quolibet peu flatteur. Shula fut intronisé au *Pro Football Hall of Fame* en 1997.

La direction de l'équipe remercie Jonhson en lui accordant une extension de contrat d'un an.

Hockey sur glace

Panthers de la Floride

Le 1er mars 1993, on annonce que la Floride rejoindra les rangs des équipes de la NHL pour la saison 1993-1994. Près de quatre mois plus tard, le 24 juin, lors du repêchage d'expansion à Québec, où jouaient jadis les défunts Nordiques de Québec avant leur déménagement à Denver, le gardien John Vanbiesbrouck devient le tout premier choix des Panthers. Deux jours plus tard, la Floride décide de bâtir son équipe autour du rapide joueur de centre Rob Niedermayer en le choisissant en première ronde du repêchage officiel.

Malgré une première saison pénible, ce qui est compréhensible en raison du manque flagrant de joueurs talentueux, quelques signes encourageants ponctuent l'année alors que le gardien John Vanbiesbrouck et l'ailier droit Bob Kudelski affichent les couleurs de l'équipe lors de la partie des Étoiles. De plus, Kudelski devient le premier joueur des Panthers à marquer durant une partie des Étoiles en enfilant deux buts. Lors du repêchage de juin 1994, les Panthers entament la deuxième étape de construction de leur jeune équipe en sélectionnant le solide défenseur Ed Jovanovski.

Après deux années difficiles, les Panthers finissent la saison 1995-1996 avec un dossier impressionnant de 41 victoires, 31 défaites et 10 matchs nuls pour un total de 92 points, et une quatrième place dans la division Est. L'équipe est formée de vétérans aguerris jouant dans la limite de leur talent, minimisant les erreurs et évitant de prendre des risques inutiles. Par conséquent, le spectacle est hermétique et peu intéressant, mais drôlement efficace. Menés par l'excellent cerbère John Vanbiesbrouck, le solide défenseur Ed Jovanovski et le capitaine Scott Mellanby, les Panthers se qualifient pour une place dans les séries d'après-saison pour la première fois depuis leur entrée dans la LNH. Envers et contre tous, l'équipe parvient à éliminer les Bruins de Boston, les Flyers de Philadelphie et les Penguins de Pittsburgh avant d'être défaits en finale de la coupe Stanley, trophée remis à la meilleure équipe, par une équipe plus rapide et talentueuse, l'Avalanche du Colorado. Depuis leur présence en finale, les Panthers ont cependant perdu beaucoup de leur lustre. La saison 1997-1998 fut particulièrement décevante à tous les niveaux, tant et si bien que l'équipe a conclu l'année avec un piètre dossier de seulement 24 victoires, 43 défaites et 15 parties nulles. Depuis 1998, l'équipe joue dorénavant dans un amphithéâtre flambant neuf de 192M$US ayant une capacité de 19 000 sièges, et l'on espère que les nombreux jeunes joueurs, tels Rob Niedermayer, Ed Jovanoski, Victor Kozlov et Mark Parrish, pourront enfin atteindre leur plein potentiel sous les ordres du nouvel entraîneur Terry Murray, qui, bien qu'accusé de népotisme – son frère Brian est le directeur gérant – devient le quatrième entraîneur de l'équipe. L'année 1998 s'annonce bien, alors que les Panthers remportent une première victoire dans leur nouvel amphithéâtre, The National Car Rental Center, en l'emportant sur le Lighting de Tampa Bay par une marque de 4 à 1. De plus, à la fin du mois d'octobre, l'ailier Mark Parrish devient le premier joueur de l'équipe à compter quatre buts dans un match pour un gain de 7 à 3 contre les Blackhawks de Chicago. Malgré un début de saison prometteur, l'équipe commence à tirer de la patte et semble plafonner à cause d'un manque évident d'attaque. Le directeur général Terry Murray constate que les Panthers risquent de ne pas se qualifier pour les séries éliminatoires. Afin de secouer son équipe, il effectue la transaction la plus spectaculaire de la courte histoire de l'équipe le 17 janvier 1999, en obtenant l'électrisant ailier droit Pavel Bure, les défenseurs Brett Hedican et Brad Ference contre le robuste Ed Jovanovski, le centre Dave Gagne, le jeune gardien Kevin Weeks et l'ailier Mike Brown. Des choix au repêchage font aussi partie de la méga-transaction. Trois jours plus tard, Bure ne tarde pas à justifier le choix de ses patrons et de raviver les espoirs des partisans en marquant deux buts contre les Islanders de New York. Il inscrira 13 buts et aura 3 mentions d'assistance en 11 parties seulement. Trois semaines après son arrivée en Floride, les Panthers récompensent généreusement Bure en lui faisant signer un contrat faramineux de 47 millions de dollars pour 6 ans, le plaçant parmi les joueurs les mieux rémunérés du circuit. Malheureusement pour les Panthers, Bure aggrave une vieille blessure au genou et sa saison est terminée. Par conséquent, les chances de l'équipe de participer aux séries s'envolent en fumée.

Scott Mellanby et *the rat trick*

Scott Mellanby est l'un des rares joueurs à évoluer avec les Panthers depuis leur arrivée dans la LNH. Né à Montréal le 11 juin 1966, Mellanby fut originalement sélectionné par les Flyers de Philadelphie en 1984 avant d'aboutir en Floride lors du repêchage d'expansion de 1993. Malgré un talent limité et un coup de patin moyen, il parvient à tirer son épingle du jeu grâce à sa robustesse et sa détermination. Capitaine de l'équipe, son nom reste à tout jamais associé au célèbre *rat trick*. En effet, en 1997, avant le match contre les Flames de Calgary, Mellanby tue un rat dans le vestiaire des joueurs avec son bâton de hockey. Il finit la partie en marquant deux buts dans une victoire de 4 à 3. Après le match, le gardien John Vaniesbrouck lui crédite *the rat trick*, en relation au *hat trick*, exploit qui signifie le tour du chapeau lorsqu'un joueur compte trois buts durant une partie. Par une curieuse ironie du sort, ce fut le début d'une série de victoires associée au rat que Mellanby avait tué. Par conséquent, les partisans des Panthers se sont mis à jeter des rats en plastique sur la glace à chaque fois que leur équipe marquait contre l'adversaire. Cette manifestation de joie frénétique de la part des *fans* retardait trop longuement les parties locales, et la ligue décida d'intervenir et de proscrire cette pratique.

Basket-ball

Heat de Miami

L'histoire du Miami Heat débute le 5 novembre 1988. Comme il fallait s'y attendre, la première année fut longue, pénible et un peu pathétique. L'équipe perd ses 17 premiers matchs et revendique l'honneur peu reluisant de figurer dans le livre des records pour le plus grand nombre de défaites consécutives pour débuter une saison. Puis, en 1989-1990, l'équipe passe de la division Midwest à la division Atlantic. Le résultat fut le même, car le Heat ne gagna jamais plus de deux victoires consécutives durant la saison. Après une autre année à finir dernier, le Heat en profite pour bâtir une équipe compétitive en sélectionnant de jeunes joueurs prometteurs comme Steve Smith et en obtenant également des joueurs prometteurs par le biais des échanges, comme Brian Shaw des Boston Celtics. Ces changements eurent un effet positif, car l'équipe termina la saison 1991-1992 avec un impressionnant dossier de 28 victoires contre seulement 13 défaites à domicile, mais cumula une piètre fiche de 10 victoires contre 31 revers à l'étranger. Malgré tout, cela fut suffisant en terminant au huitième rang de sa division pour que l'équipe se qualifie pour la première fois pour les séries éliminatoires. Ce moment de joie tant attendu fut toutefois de bien courte durée, car peu après, le Heat dut s'incliner en trois parties contre nul autre que Michael Jordan et les Bulls de Chicago.

On note encore une amélioration au cours de la saison 1992-1993, alors que Miami finit au cinquième rang de sa division. Après avoir terminé la saison 1993-1994 avec le meilleur dossier de leur histoire grâce à une huitième position dans la conférence de l'Est, Miami décide de changer le visage de l'équipe pour la saison 1994-1995. Des transactions amenèrent Kevin Willis et Billy Owens à Miami, et eurent des effets immédiats. Owens et Willis s'entendent comme larrons en foire et cumulent des statistiques impressionnantes, tandis que la recrue Khalid Reeves tire son épingle du jeu.

La saison 1995-1996 marque un tournant dans l'histoire du Heat : le célèbre entraîneur Pat Riley devient à la fois entraîneur et président de l'équipe. Riley ne tarde pas à se mettre au travail et effectue une transaction qui amène la super-vedette Alonzo Mourning ainsi que Leron Ellis et Pete Myers à Miami contre Matt Geiger, Glen Rice et Khalid Reeves à Charlotte. De plus, avant la date limite des échanges, Riley décide de bouger encore une fois. C'est ainsi qu'il va chercher Walt Williams, Chris Gatling, Tim Hardaway, Tony Smith et Tyrone Corbin. Par conséquent, le Heat fut l'équipe qui s'améliora le plus en 1996-1997 grâce à 61 victoires contre seulement 21 défaites.

Le Heat de Miami a finalement remporté son premier championnat de division durant la saison 1998-1999. De plus, l'équipe réussit à gagner ses deux premières séries éliminatoires. Même si la moitié du début de la saison 1999-2000 fut perdue en raison de la grève des joueurs, ceux-ci et les propriétaires parvinrent tout de même à «sauver la saison» en signant une

Comme à Cuba, les rutilantes voitures des années cinquante, restaurées ou non, sillonnent toujours les rues de Miami. - *B .Farcy*

Cette statue, qui évoque à la fois la tour de Babel et les toiles festivement démoniaques de Hieronymus Bosch, fut érigée en l'honneur des victimes de l'holocauste. - *Alain Legault*

nouvelle convention collective. Malgré la grève, les supporters continuent donc d'applaudir leur équipe favorite.

Baseball

Marlins de la Floride

À l'instar des Panthers de la Floride, les Marlins font leurs débuts comme équipe d'expansion dans la LNB (Ligue nationale de baseball) en 1993. Depuis leur arrivée dans les ligues majeures, les Marlins ont été portés aux nues en 1997 grâce à l'une des masses salariales les plus élevées de la ligue. Parmi la brochette de super-vedettes, mentionnons les voltigeurs Moise Alou, Gary Sheffield, Bobby Bonilla, le lanceur Kevin Brown (qui a d'ailleurs signé un contrat démesuré d'une durée de sept ans pour la bagatelle de 105M$US) et le receveur Charles Johnson. Toutefois, après leur conquête de la série mondiale en 1997, le propriétaire de l'équipe, Wayne H. Huizenga, a complètement démantelé l'équipe en échangeant toutes ses vedettes à gros contrat afin d'alléger sa masse salariale. Le résultat fut catastrophique. En effet, en 1998, les Marlins ont compilé le pire dossier du baseball avec une fiche 54 victoires et de... 108 défaites. Durant la saison, l'équipe a utilisé un nombre record de 27 recrues.

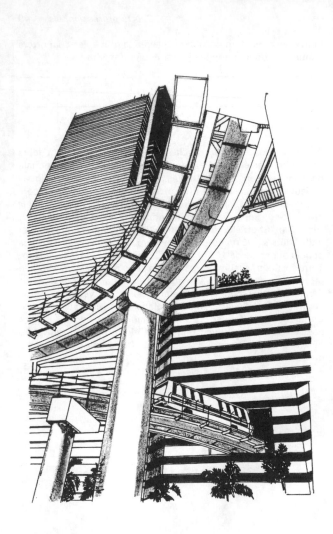

RENSEIGNEMENTS GÉNÉRAUX

L e présent chapitre a pour objectif d'aider les voyageurs à mieux planifier leur séjour à Miami et dans ses environs. **Veuillez noter que l'indicatif régional de Miami est le 305. Plus au nord de ce secteur, le préfixe est le 954 pour la région de Dania, de Hollywood et de Fort Lauderdale.**

FORMALITÉS D'ENTRÉE

Pour entrer aux États-Unis, les Québécois et les Canadiens n'ont pas besoin de visa. Il en va de même pour la plupart des citoyens des pays de l'Europe de l'Ouest. En effet, seul un passeport valide suffit et aucun visa n'est requis pour un séjour de moins de trois mois. Un billet de retour ainsi qu'une preuve de fonds suffisants pour couvrir le séjour peuvent être demandés. Pour un séjour de plus de trois mois, tout voyageur, autre que québécois ou canadien, sera tenu d'obtenir un visa (120$US) à l'ambassade des États-Unis de son pays.

Précaution : les soins hospitaliers étant extrêmement élevés aux États-Unis, il est conseillé de se munir d'une bonne assurance-maladie. Pour plus de renseignements, voir la section «Les assurances» (voir p 67).

DOUANE

Les étrangers peuvent entrer aux États-Unis avec 200 ciga-
rettes (ou 100 cigares) et des achats en franchise de douane
(*duty-free*) d'une valeur de 400$US, incluant les cadeaux
personnels et un litre d'alcool (vous devez être âgé d'au moins
21 ans pour avoir droit à l'alcool). Vous n'êtes soumis à aucune
limite en ce qui a trait au montant des devises avec lequel vous
voyagez, mais vous devrez remplir un formulaire spécial si vous
transportez l'équivalent de plus de 10 000$US. Les médica-
ments d'ordonnance devraient être placés dans des contenants
clairement identifiés à cet effet (il se peut que vous ayez à
produire une ordonnance ou une déclaration écrite de votre
médecin à l'intention des officiers de douane). La viande et ses
dérivés, les denrées alimentaires de toute nature, les graines,
les plantes, les fruits et les narcotiques ne peuvent être
introduits aux États-Unis.

Pour de plus amples renseignements, adressez-vous au :

United States Customs Service : 1301, Constitution Avenue
Northwest, Washington, DC 20229, ☎(202) 566-8195.

ACCÈS À LA VILLE

Par avion

Du Québec

Miami étant une destination fétiche des Québécois et des
Canadiens, toutes les compagnies aériennes ont des vols
réguliers sur Miami ou Fort Lauderdale. Par exemple, Air Canada
propose un départ de Montréal vers Miami tous les jours. Il est
possible, avec un peu de chance, de trouver des vols moins
chers sur des avions nolisés qui ne sont pas remplis. Cependant, vous ne pouvez compter seulement sur ces vols, puisqu'il
devient de plus en plus difficile de trouver des avions non
remplis, surtout en haute saison. N'oubliez pas qu'il y a une
taxe de départ de 10$CAN à être versée par toute personne
quittant le Canada.

De l'Europe

Tout comme le Québec, les pays européens sont reliés régulièrement à Miami, par exemple avec Air France, qui vole entre
Paris et Miami sept fois chaque semaine.

Aéroport international de Miami

L'aéroport international de Miami est situé à 12 km du
centre-ville. Il s'agit d'un aéroport moderne qui est desservi par
une très grande quantité de compagnies aériennes et qui abrite
des bureaux de change ainsi que plusieurs petits restaurants
sans prétention. Pour vous rendre en ville, vous avez plusieurs
choix : limousines, taxis et autobus vous emmèneront un peu
partout dans la région métropolitaine. Pour de l'information
concernant les arrivées et les départs des vols :
☎(305) 876-7000 ou www.miami-airport.com.

Sortir de l'aéroport

Il peut être plus économique et plus confortable de partager un
taxi à deux que d'acheter un billet d'autocar pour vous rendre
à votre hôtel. Les taxis qui se trouvent à l'aéroport de Miami
n'utilisent pas leur odomètre pour conduire les clients à leur
hôtel. Le montant de la course est déterminé avant le départ et
est non négociable.

Si vous vous déplacez en voiture, empruntez l'Expressway 836
vers l'est puis l'autoroute 95, la sortie 3A étant celle à prendre
pour se rendre au centre-ville de Miami; pour vous rendre à
Miami Beach, empruntez l'Expressway 836 vers l'est puis la
MacArthur Causeway jusqu'à Miami Beach.

De l'aéroport au centre-ville de Miami : environ 25$
De l'aéroport à South Beach ou au centre de Miami Beach :
environ 25$
De l'aéroport à Coconut Grove : environ 25$
De l'aéroport à Coral Gables : environ 23$
De l'aéroport à Key Biscayne : environ 32$
De l'aéroport à Bal Harbour : environ 34$
De l'aéroport à Sunny Isles Beach : environ 42$

Le **SuperShuttle** *(réservations demandées, ☎305-871-2000, ≈871-8475)* assure une liaison entre l'aéroport et les zones touristiques.

De l'aéroport au centre-ville de Miami : environ 9$
De l'aéroport à South Beach (au centre de Miami Beach) : environ 11$
De l'aéroport à Coconut Grove : environ 11$
De l'aéroport à Coral Gables : environ 10$
De l'aéroport à Bal Harbour : environ 12$

Si pour vous l'argent ne pose pas de problème, communiquez avec **Corporate Car Usa** *(1995 NE. 142nd St., North Miami, ☎305-949-8888, ≈947-0371)*. L'entreprise loue des bagnoles longues, rutilantes aux vitres noires.

RENSEIGNEMENTS GÉNÉRAUX

Compagnies aériennes

Aerolineas Argentinas : ☎800-333-0276
AeroMexico : ☎800-237-6639
AeroPeru : ☎448-1947
Air Canada : ☎800-776-3000
Air France : ☎800-237-2747
American Airlines : ☎433-7300
Avianca : ☎800-284-2622
British Airways : ☎247-9297
Continental : ☎871-1400
Delta : ☎448-7000
Iberia : ☎800-772-4642
KLM : ☎800-374-7747
LanChile :☎670-9999
Luftansa : ☎800-645-3880
Mexicana : ☎800-531-7921
United : ☎800-241-6522

Agences de location de voitures

La plupart des agences de location de voitures sont représentées à l'aéroport :

Avis : ☎800-831-2847
Budget : ☎871-3053
Hertz : ☎800-654-3331
Thrifty : ☎871-5050

Aéroport international de Fort Lauderdale

Bien que plus petit que celui de Miami, l'aéroport de Fort Lauderdale (☎954-359-1200) est un point d'entrée très fréquenté par les voyageurs québécois et canadiens. Si votre hôtel est situé à Bal Harbour ou même dans la partie centrale de Miami Beach, la distance à franchir entre l'aéroport à votre hôtel est sensiblement la même que si vous atterrissiez à Miami.

La course d'un taxi entre l'aéroport et South Beach vous coûtera environ 45$.

Pour vous rendre à Miami depuis l'aéroport, empruntez l'autoroute 95 vers le sud puis prenez la sortie 3A. Pour Miami Beach, prenez l'autoroute 95 vers le sud et le MacArthur Causeway vers l'ouest jusqu'à Miami Beach.

Par voiture

Beaucoup de Québécois choisissent l'automobile comme moyen de transport pour gagner Miami. L'itinéraire classique, et le plus rapide, consiste à suivre l'autoroute 15 Sud, qui devient la 87 dans l'État de New York. Après la ville d'Albany, il faut prendre la sortie 14A et le Garden State Parkway afin d'éviter la ville de New York. On emprunte ensuite la sortie 129 Sud, puis le New Jersey Turnpike jusqu'à Wilmington, au Delaware. De là, on peut poursuivre vers Miami grâce à l'autoroute 95. Il faut compter environ 25 heures au total pour tout l'itinéraire.

Par autocar

Après la voiture, l'autocar constitue le meilleur moyen de locomotion. Bien organisés et peu chers, les autocars desservent Miami et ses environs.

Pour obtenir les horaires et les destinations desservies, appelez la succursale locale de la société Greyhound au ☎800-231-2222.

Les Canadiens et les Québécois peuvent faire leur réservation directement auprès de la société Voyageur, laquelle, à Toronto *(☎416-393-7911)* et à Montréal *(☎514-842-2281)*, représente la société Greyhound.

Sur presque toutes les lignes, il est interdit de fumer. En général, les enfants de cinq ans et moins sont transportés gratuitement. Les personnes de 60 ans et plus ont droit à d'importantes réductions. Les animaux ne sont pas admis.

Par train

Aux États-Unis, le train ne constitue pas toujours le moyen de transport le moins cher, et il n'est sûrement pas le plus rapide. Cependant, il peut être intéressant pour les grandes distances, car il procure un bon confort (essayez d'obtenir une place dans les voitures panoramiques pour profiter au maximum du paysage). Pour obtenir les horaires et les destinations desservies, communiquez avec la société AMTRAK, la propriétaire actuelle du réseau ferroviaire américain *(sans frais en Amérique,* ☎*800-872-7245)*.

RENSEIGNEMENTS GÉNÉRAUX

AMBASSADES ET CONSULATS DES ÉTATS-UNIS À L'ÉTRANGER

France
Ambassade des États-Unis
2, avenue Gabriel
75382 Paris Cedex 08
☎01.43.12.22.22
≈01.42.66.97.83

Consulat des États-Unis
22, cours du Maréchal Foch
33080 Bordeaux Cedex
☎04.56.52.65.95
≈04.56.51.60.42

Consulat des États-Unis
12, boulevard Paul-Peytral
13286 Marseille Cedex 06
☎04.91.54.92.00
≈04.91.55.09.47

Consulat des États-Unis
15, avenue d'Alsace
67082 Strasbourg Cedex
☎03.88.35.31.04
≈03.88.24.06.95

Belgique
Ambassade des États-Unis
27, boulevard du Régent
1000 Bruxelles
☎(2) 508-21-11
☞(2) 511-2725

Espagne
Ambassade des États-Unis
Serano 75
28006 Madrid
☎(1) 577-4000
☞(1) 587-2239
Telex (1) 277-63

Luxembourg
Ambassade des États-Unis
22, boulevard Emmanuel-
Servais
2535 Luxembourg
☎(352) 46-01-23
☞(352) 46-14-01

Suisse
Ambassade des États-Unis
93, Jubilaum Strasse
3005 Berne
☎31-357-72-34
☞31-357-73-98

Italie
Ambassade des États-Unis
Via Veneto 119-a
00187 Roma
☎467-41
☞467-42217

Canada
Consulat des États-Unis
Place Félix-Martin
1155, rue Saint-Alexandre
Montréal, H2Z 1Z2
☎(514) 398-9695

Consulats étrangers à Miami

France
Biscayne Tower 1
Suite 1710
2 South Biscayne Boulevard
Miami, FL 33131
☎372-9799
☞372-9549

Belgique
2231 North East 192nd
Street
North Miami Beach, FL 33180
☎932-4263
☞573-0787

Espagne
2655 Lejeune Road
Suite 203
Coral Gables
Miami, FL 33134
☎446-5511
☞446-0585

Suisse
7319 South West
97th Avenue
Miami, FL 33173
☎274-4210
☞595-6342

Italie
1200 Brickell Avenue
8e étage
Miami, FL 33131
☎374-6322
⊷374-7945

Canada
1st Union Financial Center
200 South Biscayne
Boulevard, Suite 1600
Miami, FL 33131
☎579-1600
⊷374-6774

 RENSEIGNEMENTS ET EXCURSIONS
TOURISTIQUES

RENSEIGNEMENTS GÉNÉRAUX

Renseignements touristiques

Pour toute demande de renseignements touristiques, de brochures ou de cartes, adressez-vous au **Greater Miami Convention & Visitors Bureau** *(701 Brickell Ave., Suite 2700, Miami, FL 33131, ☎539-3063 ou 539-3034, ⊷539-3113, www.miamiandbeaches.com)*. Leur pochette d'information gratuite peut vous être acheminé en communiquant avec eux par télécopieur, téléphone ou courrier électronique.

Voici d'autres endroits où se procurer des brochures ou des cartes :

Miami Beach Chamber of Commerce
1920 Meridian Ave.
Miami Beach
☎672-1270
⊷538-4336

Miami Visitors Center at Bayside Marketplace
401 N. Biscayne Blvd
☎539-8070

Sunny Isles Beach Resort Association Visitor Information Center
17100 Collins Ave.
Suite 208
Sunny Isles Beach
☎947-5826

Alliance française
1414 SW. 22nd Street, Miami
☎859-8760

Pour des renseignements sur la région de Fort Lauderdale, adressez-vous aux organismes suivants :

Greater Fort Lauderdale Chamber of Commerce
512 NE. 3rd Ave
Fort Lauderdale
FL 33301-3236
☎(954) 462-6000

Greater Fort Lauderdale Convention and Visitors Bureau
1850 Eller Drive, suite 303
Fort Lauderdale, FL 33316
☎(954) 765-4661 ou
800-227-8669
≈(954) 765-4467

Excursions et tours guidés

De nombreuses formules sont proposées au visiteur désireux d'entreprendre sa découverte de la ville au moyen d'un circuit guidé. Nous en mentionnons ici quelques-unes en vous invitant, compte tenu des changements fréquents, à communiquer directement avec chacun des organismes pour en connaître les programmes détaillés, les horaires et les tarifs.

American Express Travel Service
330 N. Biscayne Blvd
Suite 100
Miami, FL 33132
☎358-7350
≈358-3932
www.americanexpress.com/travel

Flamingo Tours
16251 Collins Ave.
Miami, FL 33160
☎948-3822
≈948-3824

Visites guidées à pied

La Miami Design Preservation League loge dans l'**Art Deco Welcome Center** *(1001 Ocean Drive, ☎531-3484)* et organise des visites guidées du quartier Art déco.

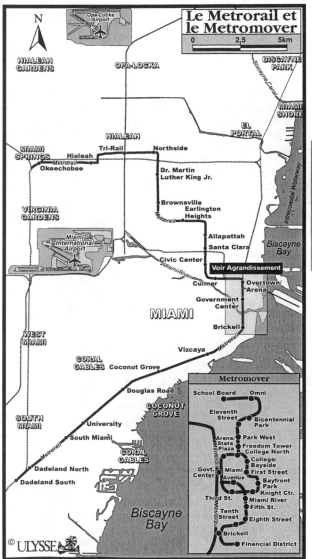

VOS DÉPLACEMENTS DANS LA VILLE
ET DANS SES ENVIRONS

Orientation générale

Si vous comptez vous déplacer dans la grande région de Miami, on vous suggère de louer un véhicule car le transport en commun est peu efficace et les taxis coûtent cher. Toutefois, si vous prévoyez rester dans la partie sud de Miami Beach, South Beach, sachez que les stationnements sont pratiquement inexistants et que les *valets parking* coûtent cher et que vous n'aurez aucun problème à vous déplacer à pied.

Transports en commun

Metromover

Le Metromover ressemble un peu à un véhicule sorti tout droit du film *Blade Runner* ou de *Fifth Element*. Situé au centre-ville, ce train électrique surélevé débute, dès 5h, son circuit en boucle et le poursuit jusqu'à minuit. Pour seulement 0,25$, il s'agit d'une façon agréable, différente et surtout économique d'observer le centre-ville sous un angle différent.

Metrorail

Le Metrorail *(1,25$; ☎770-3131)* est un train qui relie 21 stations dans le Dade County de 6h à minuit.

En voiture

L'automobile constitue sûrement un moyen efficace et agréable pour visiter la grande région de Miami. Les véhicules sont loués à partir de 50$ et l'essence coûte peu cher. Le seul véritable désagrément est de trouver un stationnement pour vous garer, surtout si vous logez à South Beach. Prévoyez débourser de 10$ à 15$ par jour de *valet parking*.

Tableau des distances (km/mi)

Par le chemin le plus court

1 mille = 1,62 kilomètre
1 kilomètre = 0,62 mille

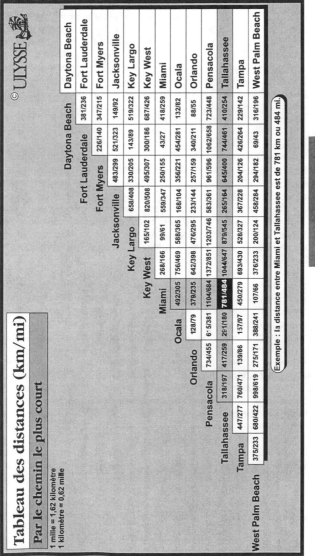

	Daytona Beach	Fort Lauderdale	Fort Myers	Jacksonville	Key Largo	Key West	Miami	Ocala	Orlando	Pensacola	Tallahassee	Tampa	West Palm Beach
Daytona Beach		381/236	347/215	149/92	519/322	687/426	418/259	132/82	88/55	723/448	410/254	229/142	316/196
Fort Lauderdale			226/140	521/323	143/89	300/186	43/27	454/281	340/211	1062/658	744/461	426/264	69/43
Fort Myers				483/299	330/205	495/307	250/155	356/221	257/159	961/596	645/400	204/126	294/182
Jacksonville					658/408	820/508	559/347	168/104	233/144	583/361	265/164	367/228	458/284
Key Largo						165/102	99/61	588/365	476/295	1203/746	879/545	528/327	200/124
Key West							268/166	756/469	642/398	1372/851	1044/647	693/430	376/233
Miami								492/305	379/235	1104/684	781/484	450/279	107/66
Ocala									128/79	615/381	291/180	157/97	388/241
Orlando										734/455	417/259	139/86	275/171
Pensacola											318/197	760/471	998/619
Tallahassee												447/277	680/422
Tampa													375/233
West Palm Beach													

Exemple : la distance entre Miami et Tallahassee est de 781 km ou 484 mi.

© ULYSSE

RENSEIGNEMENTS GÉNÉRAUX

Le bon état général des routes et l'essence moins chère qu'en Europe font de la voiture un moyen de transport idéal pour visiter Miami et ses environs en toute liberté. Vous trouverez facilement de très bonnes cartes routières dans les librairies de voyage ou, une fois rendu sur place, dans les stations-service. En ce qui concerne la location de voitures, plusieurs agences exigent que leurs clients soient âgés d'au moins 25 ans et qu'ils soient en possession d'une carte de crédit reconnue.

Quelques conseils

Permis de conduire : en règle générale, les permis de conduire européens sont valables. Les visiteurs canadiens et québécois n'ont pas besoin de permis international, et leur permis de conduire est tout à fait valable aux États-Unis. Soyez averti que plusieurs États sont reliés par système informatique avec les services de police du Québec pour le contrôle des infractions routières. Une contravention émise aux États-Unis est automatiquement reportée au dossier au Québec.

Code de la route : attention, il n'y a pas de priorité à droite. Ce sont les panneaux de signalisation qui indiquent la priorité à chaque intersection. Ces panneaux marqués *Stop* sur fond rouge sont à respecter scrupuleusement! Vous verrez fréquemment un genre de stop, au bas duquel figure un petit rectangle rouge dans lequel il est inscrit *4-Way*. Cela signifie, bien entendu, que tout le monde doit marquer l'arrêt et qu'aucune voie n'est prioritaire. Il faut que vous marquiez l'arrêt complet même s'il vous semble n'y avoir aucun danger apparent. Si deux voitures arrivent en même temps à l'un de ces arrêts, la règle de la priorité à droite prédomine. Dans les autres cas, la voiture arrivée la première passe.

Les feux de circulation se trouvent le plus souvent de l'autre côté de l'intersection. Faites attention où vous marquez l'arrêt.

Lorsqu'un autobus scolaire (de couleur jaune) est à l'arrêt (feux clignotants allumés), il est obligatoire de vous arrêter quelle que soit votre direction. Le manquement à cette règle est considéré comme une faute grave!

Le port de la ceinture de sécurité est obligatoire.

Les autoroutes sont gratuites, sauf en ce qui concerne la plupart des Interstate Highways, désignées par la lettre *I*, suivie d'un numéro. Les panneaux indicateurs se reconnaissent à leur forme presque arrondie (le haut du panneau est découpé de telle sorte qu'il fait deux vagues) et à leur couleur bleue. Sur ce fond bleu, le numéro de l'Interstate ainsi que le nom de l'État traversé sont inscrits en blanc. Au haut du panneau, figure la mention *Interstate* sur fond rouge.

La vitesse est limitée à 55 mph (88 km/h) sur la plupart des grandes routes. Le panneau de signalisation de ces grandes routes se reconnaît à sa forme carrée, bordée de noir, et dans lequel le numéro de la route est largement inscrit en noir sur fond blanc.

Sur les Interstates, la limite de vitesse monte à 65 mph (104 km/h).

Le panneau triangulaire rouge et blanc où vous pouvez lire la mention *Yield* signifie que vous devez ralentir et céder le passage aux véhicules qui croisent votre chemin.

La limite de vitesse vous sera annoncée par un panneau routier de forme carrée et de couleurs blanche et noire sur lequel est inscrit *Speed Limit*, suivi de la vitesse limite autorisée.

Le panneau rond et jaune, barré d'une croix noire et de deux lettres *R*, indique un passage à niveau.

Postes d'essence : les États-Unis étant un pays producteur de pétrole, l'essence est nettement moins chère qu'en Europe, voire qu'au Québec et au Canada, en raison des taxes moins élevées.

RENSEIGNEMENTS GÉNÉRAUX

Avez-vous visité notre site web?
www.ulysse.ca

Attention aux mécréants

Une stratégie que les mécréants adoptent pour stopper les voitures des touristes pour ensuite les voler est de les heurter par derrière, en mouvement ou non. Ne mordez pas à l'hameçon et surtout ne vous arrêtez pas pour discuter avec le conducteur du véhicule.

Ne vous arrêtez pas pour embarquer des auto-stoppeurs, verrouillez toujours les portes de la voiture et soyez vigilant si des personnages au regard douteux s'approchent de votre véhicule.

En taxi

Les taxis sont facilement identifiables et peuvent être un moyen de transport économique si vous êtes plusieurs, car les taxis peuvent accueillir jusqu'à quatre personnes. L'odomètre débute à 2$ et marque 0,30$ après avoir parcouru 1/5 de mille (0,325 km). Il arrive que les chauffeurs ignorent l'adresse à laquelle vous comptez vous rendre. Assurez-vous donc de toujours obtenir de l'information détaillée sur votre destination finale. Finalement, les chauffeurs de taxi s'attendent à recevoir de 10% à 15% de pourboire sur le montant affiché à l'odomètre. De très nombreux taxis sillonnent les rues de Miami. Vous n'aurez, la plupart du temps, qu'à lever le bras pour en héler un. Voici tout de même les coordonnées de quelques compagnies de taxis :

Flamingo Taxi	**Metro Taxi**
198 NW. 79th Street	1995 NE. 142nd Street
☎885-7000	☎888-888

En *water taxi*

Il n'est pas surprenant, dans cette région maritime, qu'un des *water taxis* propose ses services à tous ceux qui désirent visiter les environs en bateau.

Water Taxi
651 Seabreeze Boulevard (A1A South)
Fort Lauderdale, FL 33316
☎467-6677
✆728-8417
www.watertaxi.com

RENSEIGNEMENTS GÉNÉRAUX

ASSURANCES

Annulation

Cette assurance est normalement offerte par l'agent de voyages au moment de l'achat du billet d'avion ou du forfait. Elle permet le remboursement du billet ou forfait dans le cas où le voyage doit être annulé en raison d'une maladie grave ou d'un décès. Les gens n'ayant pas de problèmes de santé ont peu de chance d'avoir à recourir à une telle protection. Elle demeure par conséquent d'une utilité relative.

Vol

La plupart des assurances-habitation au Québec protègent une partie des biens contre le vol, même si celui-ci a lieu à l'étranger. Pour faire une réclamation, il faut avoir un rapport de police. Comme tout dépend des montants couverts par votre police d'assurance-habitation, il n'est pas toujours utile de prendre une assurance supplémentaire. Les visiteurs européens, pour leur part, doivent vérifier si leur police protège leurs biens à l'étranger, car ce n'est pas automatiquement le cas.

Vie

Plusieurs compagnies aériennes offrent une assurance-vie incluse dans le prix du billet d'avion. D'autre part, beaucoup de voyageurs disposent déjà d'une telle assurance; il n'est donc pas nécessaire de s'en procurer une supplémentaire.

Maladie

Sans doute la plus utile pour les voyageurs, l'assurance-maladie s'achète avant de partir en voyage. La couverture de cette police d'assurance doit être aussi complète que possible, car, à l'étranger, le coût des soins peut s'élever rapidement. Au moment de l'achat de la police, il faudrait veiller à ce qu'elle couvre bien les frais médicaux de tout ordre, comme l'hospitalisation, les services infirmiers et les honoraires des médecins (jusqu'à concurrence d'un montant assez élevé, car ils sont chers). Une clause de rapatriement, pour le cas où les soins requis ne peuvent être administrés sur place, est précieuse. En outre, il peut arriver que vous ayez à débourser le coût des soins en quittant la clinique. Il faut donc vérifier ce que prévoit la police en tel cas. Durant votre séjour, vous devriez toujours garder sur vous la preuve que vous avez contracté une assurance-maladie, ce qui vous évitera bien des ennuis si par malheur vous en avez besoin.

SANTÉ

Généralités

Pour les personnes en provenance d'Europe, du Québec et du Canada, aucun vaccin n'est nécessaire. D'autre part, il est vivement recommandé, en raison du prix élevé des soins, de souscrire à une bonne assurance maladie-accident. Il existe différentes formules, et nous vous conseillons de les comparer. Emportez vos médicaments, surtout ceux qui exigent une ordonnance. Sauf indication contraire, l'eau est potable partout à Miami.

Méfiez-vous des fameux coups de soleil. Lorsque souffle le vent, il arrive fréquemment qu'on ne ressente pas les brûlures causées par le soleil. Comme Miami est une destination soleil, n'oubliez pas votre crème solaire!

 À la plage

Avant de vous aventurer avec insouciance et désinvolture sur les plages qui scintillent sous l'ardent soleil du *Sunshine State*, prenez donc deux minutes pour vous assurer que vous êtes bien préparé à affronter l'astre lumineux qui brille de tous ses feux. Sans vouloir vous faire frémir de peur et gâcher votre séjour, sachez que les cancers de la peau directement liés aux rayons intenses du soleil sont bel et bien réels, et que les personnes ayant une pigmentation de peau pâle sont plus susceptibles de développer ce type de cancer. De plus, l'exposition continuelle aux rayons UV peut aussi accélérer le processus de vieillissement de la peau et éventuellement provoquer la formation de rides. Finalement, ne soyez pas assez naïf pour croire que vous n'attraperez pas de coup de soleil si la journée est couverte ou s'il fait moins chaud, car les rayons ultraviolets percent facilement les nuages.

Voici quelques conseils qui rendront votre séjour un peu plus agréable sous le soleil

À Miami, les verres fumés ne sont pas réduits à un simple accessoire de mode qui vise à paraître cool et branché. On vous suggère vivement de délier les cordons de votre bourse afin de vous procurer des lunettes de soleil de qualité qui protégera vos yeux contre les dangereux rayons ultraviolets. Portez votre choix sur les verres qui empêchent les rayons UVA et UVB de pénétrer. Un couvre-chef ne vous nuira en aucun temps et protégera non seulement votre visage, mais aussi vos oreilles, votre cou et votre nuque. Évidemment, avant d'exposer à la vue de tous vos courbes ou vos lignes stylisées, il est indispensable d'appliquer une crème solaire ayant un indice de protection d'au moins 15 sur vos parties découvertes 30 min avant de sortir. Pour leur part, les enfants devraient utiliser une crème solaire ayant un indice de protection d'au moins 25. Une trop longue période d'exposition, surtout au cours des premières journées, peut causer des isolations, une montée de fièvre et même des vomissements. Dernier petit conseil, arrêtez-vous donc à la pharmacie pour acheter une bouteille d'*alo vera* si jamais vous êtes la triste victime d'un coup de soleil.

Comment s'habiller et se comporter durant la journée?

Les vêtements de couleurs foncées sont vivement déconseillés (gardez-les pour vos sorties nocturnes). Vêtez-vous donc de blanc ou de couleurs claires avec des tissus légers et amples afin de permettre la circulation de l'air sur votre peau. Les vêtements de lin ou de coton s'avèrent idéals pour vos déplacements à l'air libre.

Quand on dit *«Buvez beaucoup de liquide»*, on fait manifestement référence à l'H_2O, les boissons alcoolisées ne comptant évidemment pas. Selon votre tolérance à la chaleur, prévoyez boire de deux à six litres d'eau par jour afin de vous réhydrater. N'hésitez pas à prendre une douche plusieurs fois par jour pour vous rafraîchir.

Les drapeaux

Si un drapeau rouge flotte dans le vent, dirigez-vous vers la piscine, car cela signifie que la baignade est hélas interdite à la plage. Un étendard jaune veut dire de faire attention, tandis que le drapeau vert vous donne le feu... vert pour batifoler dans l'eau.

Insectes

Si vous prévoyez visiter les Everglades, sachez que les insectes abondent et s'avèrent souvent fort désagréables. Ils sont particulièrement nombreux durant la saison des pluies. Dans le but de minimiser les risques d'être piqué, couvrez-vous bien, évitez les vêtements aux couleurs vives, ne vous parfumez pas et munissez-vous de bons insectifuges. Pour vous protéger contre ces bestioles, vous aurez besoin d'un bon insectifuge contenant au moins 35% de DEET. N'oubliez pas que les insectes sont plus actifs au coucher du soleil. De plus, des chaussures et chaussettes protégeant les pieds et les jambes seront certainement très utiles. Vous pouvez toujours vaporiser votre t-shirt d'insectifuge si vous pouvez en supporter l'odeur. Il est aussi conseillé d'apporter des pommades pour calmer les irritations causées par les piqûres. Si vous comptez dormir dans le parc, des spirales insectifuges vous permettront de passer des soirées plus agréables sur la terrasse et dans la chambre, surtout si les fenêtres sont ouvertes ou si votre moustiquaire est trouée...

SÉCURITÉ

Miami est-elle une ville dangereuse? Il va sans dire que Miami ne fait plus la une des journaux pour des raisons scabreuses. Toutefois, il est souvent préférable de s'enquérir, dès son arrivée, des quartiers qu'il vaut mieux s'abstenir de visiter à n'importe quelle heure du jour et de la nuit. En prenant les précautions courantes, il n'y a pas lieu d'être inquiet outre mesure pour sa sécurité. Si toutefois la malchance était avec vous, n'oubliez pas que le numéro de secours est le 911, ou le 0 en passant par le téléphoniste.

Le centre-ville de Miami devient un *no man's land* une fois le soleil couché. Inutile de vous dire qu'il y a beaucoup de rues et de ruelles désertes parfois hantées d'ombres mystérieuses qui s'arrêtent, puis disparaissent pour surgir soudainement à l'angle d'une autre allée... Par ailleurs, le quartier interlope de Little Haiti est aussi à éviter.

Sachez que les pickpockets agissent parfois en groupe. Ainsi, pendant que certains se chargent de vous distraire un moment de votre attention, d'autres en profitent pour fuir en catimini avec vos biens personnels.

La plupart des bons hôtels sont équipés de coffrets de sûreté dans lesquels vous pouvez placer vos objets de valeur, ce qui vous procurera une certaine tranquillité d'esprit. Soyez discret en public lorsque vous transigez commercialement. En effet, n'exposez pas à la vue d'autrui une liasse de billets de banque quand vous faites un achat.

Rohypnol

Dans un bar ou dans une boîte de nuit, n'acceptez jamais de verre venant d'un étranger et tâchez de faire attention à votre consommation. En effet, sans vouloir être paranoïaque, sachez qu'il existe une drogue puissante et illégale appelée Rohypnol, qui est directement associée à de nombreux cas de viols. Grosso modo, cette drogue est déposée dans le verre de la victime qui amoindrit son temps de réaction et laisse tomber ses inhibitions. Mélangée à de l'alcool, cette drogue devient plus forte et se manifeste dans les 30 min suivantes allant jusqu'à provoquer des pertes de mémoire qui peuvent durer jusqu'à 12 heures. Inodore et incolore, elle se dissout rapidement et facilement dans un cocktail, un verre de bière, un jus, une boisson gazeuse et même dans l'eau. Si personne n'intervient, la victime est à la merci du violeur qui profitera tout simplement de la situation pour l'amener ailleurs. Par conséquent, la victime se réveille généralement dans une chambre d'hôtel sans pouvoir se souvenir des événements. Qui plus est, de nombreuses victimes ne peuvent confirmer si elles furent violées, car elles ne se rappellent de rien du tout.

Si par malchance un individu au regard patibulaire sort une arme, vous braque et exige votre argent sur un ton sans équivoque, de grâce restez calme, ne tentez pas de jouer les héros et faites ce qu'on vous dit.

FEMMES VOYAGEANT SEULES

Il y a quelques années, avant d'entreprendre seule un voyage à l'étranger, une de mes amies s'est fait raser sa jolie tignasse rousse et s'est baladée avec un t-shirt indiquant clairement «*a woman needs a man like a fish needs a bicycle*» (une femme a autant besoin d'un homme qu'un poisson d'un vélo). Bien que cette solution se veuille un tant soit peu radicale, rassurez-vous car Miami ne pose pas de problèmes majeurs aux femmes voyageant seules. Les quelques désagréments que vous risquez peut-être proviendront de la gent masculine qui cherchera à prouver sa virilité en sifflant. Gardez votre sens de l'humour et ne vous laissez pas intimider. Votre meilleure arme demeure l'indifférence.

CLIMAT

Quand visiter Miami?

Miami fait partie de la Floride, surnommée *The Sunshine State* ou, si vous préférez, l'État du soleil radieux. La température demeure clémente presque toute l'année et il y règne une agréable atmosphère semi-tropicale. Même si le mercure peut parfois monter ou descendre au-delà de ce qu'on espère, la température y demeure en fait idéale tout au long de l'année.

Dans l'ensemble, les étés ont tendance à être chauds et humides. Les hivers sont plus secs, doux et ensoleillés. Durant les mois de septembre, octobre et novembre, il arrive qu'un ouragan se manifeste soudainement et passe au large. Les ouragans, qui peuvent parfois être dévastateurs, ne doivent pas vous empêcher de visiter la région en automne. La Floride ne compte en effet pas plus de tempêtes que les autres États du golfe du Mexique ou du sud de la côte Atlantique. Survenant généralement en septembre, les ouragans ont souvent démontré qu'ils pouvaient se former beaucoup plus tard dans la saison. Contrairement à plusieurs autres phénomènes atmosphériques, ils sont toujours précédés de nombreux avertissements, ce qui donne amplement de temps aux visiteurs de se préparer de façon adéquate ou de s'enfoncer plus à l'intérieur des terres. Dans l'ensemble, ses saisons tempérées, ses printemps frais et vivifiants, ses plages caressées par les brises du large et l'omniprésence des systèmes de climatisation contribuent tous à faire de Miami une destination agréable tout au long de l'année.

PRÉPARATION DES VALISES

À moins que vous ne projetiez de passer votre temps dans les restaurants de grand luxe, votre valise sera beaucoup moins volumineuse que vous ne pourriez le croire. Pour la plupart des types de séjour, vous n'aurez en effet besoin que de bermudas, de chemises légères ou de t-shirts, de pantalons de sport, de un ou deux maillots de bain, d'un gilet ou d'une petite veste, et d'une tenue «très» décontractée en prévision d'une éventuelle sortie.

Il ne vous reste plus qu'à prévoir quelques lectures faciles pour la plage et certains articles essentiels que vous ne voudriez pas oublier (sauf si vous préférez vous les procurer sur place). Il s'agit des écrans solaires (préférablement sans huiles), de verres fumés de qualité et d'un bon insectifuge, surtout si vous voyagez en été (ou même en hiver dans les régions les plus au sud). Si vous prévoyez passer beaucoup de temps à l'extérieur et que vous êtes préoccupé par les fourmis rouges et les méduses, apportez également un petit récipient d'attendrisseur à viande du genre papaïne. Une telle substance n'éloignera certes pas les intrus, mais elle vous soulagera si jamais vous venez à être piqué.

Pensez également à prendre un parapluie ou un imperméable léger pour parer à toute averse soudaine. Si vous visitez Miami en hiver, un gilet serait parfois bienvenue certains jours.

Pour vos visites, des chaussures flexibles, confortables et légères s'imposent. En dépit de son climat tropical, le sol de Miami n'est guère clément pour les pieds nus, si ce n'est sur les plages ou autour des piscines. De bonnes sandales feront l'affaire. Par contre, si vous prévoyez faire de la randonnée en région marécageuse (et le sol est souvent humide aux endroits où l'on s'y attend le moins), apportez également des souliers en toile que vous n'avez pas peur de mouiller.

Les vrais amateurs de plongée-tuba voudront sans doute transporter leur propre équipement, mais il importe de savoir que cela n'est pas du tout nécessaire. Vous pouvez en effet louer de l'équipement partout où la plongée a une certaine popularité. Plusieurs endroits louent même des jouets de plage et des pneumatiques pour descendre les rivières. De plus, on trouve un peu partout de l'équipement de pêche.

L'appareil photo est aussi une bonne idée (les couchers de soleil sont fantastiques) et de bonnes jumelles vous permettront de mieux apprécier la vie dans la nature et à la plage.

POSTE ET TÉLÉCOMMUNICATIONS

Pour joindre Canada Direct depuis Miami, faites le
☎800-555-1111. Pour atteindre la France, faites le 011-33 puis
le numéro complet en omettant le premier zéro. Pour téléphoner
en Belgique, composez le 011-32, l'indicatif régional puis le
numéro. Pour appeler en Suisse, faites le 011-41, l'indicatif
régional puis le numéro de votre correspondant.

Téléphone cellulaire

Le téléphone cellulaire a une popularité grandissante à travers
les États-Unis. De nombreux commerces louent cet appareil.

All Communication Rentals
1600 NW. LeJeune Road,
Suite 304
☎871-2001
⇒870-9650

**Express Cellular & Beeper
Rental**
815 NW. 37th Avenue
☎871-9430
⇒541-0032

Bureaux de poste

Ils sont ouverts du lundi au vendredi de 8h à 17h30 (parfois
jusqu'à 18h) et le samedi de 8h à 12h.

SERVICES FINANCIERS

Monnaie

L'unité monétaire est le dollar ($US), lui-même divisé en cents.
Un dollar = 100 cents.

Il existe des billets de banque de 1, 5, 10, 20, 50 et 100 dollars, de même que des pièces de 1 (*penny*), 5 (*nickel*), 10
(*dime*) et 25 (*quarter*) cents.

Taux de change				
1$US	=	0,94EURO	1EURO	=	1,06$US
1$US	=	1,46$CAN	1$CAN	=	0,68$US
1$US	=	6,18FF	1FF	=	0,16$US
1$US	=	1,50FS	1FS	=	0,66$US
1$US	=	38,02FB	10FB	=	0,26$US
1$US	=	156,83PTA	100PTA	=	0,64$US
1$US	=	1825,12LIT	1000LIT	=	0,55$US

Les pièces d'un demi-dollar et le dollar solide sont très rarement utilisés. Sachez qu'aucun achat ou service ne peut être payé en devises étrangères aux États-Unis. Songez donc à vous procurer des chèques de voyage en dollars américains. Vous pouvez également utiliser toute carte de crédit affiliée à une institution américaine, comme Visa, MasterCard, American Express, la Carte Bleue, Interbank et Barcley Card. **Il est à noter que tous les prix mentionnés dans le présent ouvrage sont en dollars américains.**

Banques

Elles sont ouvertes du lundi au vendredi de 9h à 15h.

Il existe de nombreuses banques, et la plupart des services courants sont rendus aux touristes. Pour ceux et celles qui ont choisi un long séjour, notez qu'un **non-résident** ne peut ouvrir un compte bancaire courant. Pour avoir de l'argent liquide, la meilleure solution demeure encore d'être en possession de chèques de voyage. Le retrait de votre compte à l'étranger constitue une solution coûteuse, car les frais de commission sont élevés. Par contre, plusieurs guichets automatiques accepteront votre carte de banque européenne, canadienne ou québécoise, et vous pourrez alors faire un retrait de votre compte directement. Les mandats-poste ont l'avantage de ne pas comporter de commission, mais l'inconvénient de prendre plus de temps à transiger. Les personnes qui ont obtenu le statut de résident, permanent ou non (immigrants, étudiants), peuvent ouvrir un compte de banque. Il leur suffira, pour ce faire, de montrer leur passeport ainsi qu'une preuve de leur statut de résident.

Change

La plupart des banques changent facilement les devises européennes et canadiennes, mais presque toutes demandent des **frais de change**. En outre, vous pouvez vous adresser à des bureaux ou comptoirs de change qui, en général, n'exigent aucune commission. Ces bureaux ont souvent des heures d'ouverture plus longues. La règle à retenir : **se renseigner et comparer**.

Banques et bureaux de change

Avis Currency Exchange
760-A, Ocean Drive
Miami Beach
☎534-2847
≈534-4437

Colonial Bank
301, Arthur Godfrey Road
Miami Beach
☎532-6451
≈535-9444

Cheque Point
865, Collins Avenue
Miami Beach
☎538-5348
≈538-1438

Sun Trust Bank
777, Brickell Avenue
Miami
☎592-0800
≈577-5210

 ACHATS

Les magasins sont généralement ouverts du lundi au samedi de 9h30 à 17h30 (parfois jusqu'à 18h). Les supermarchés ferment en revanche plus tard ou restent même, dans certains cas, ouverts 24 heures par jour, sept jours par semaine.

Jours fériés

Notez que la plupart des magasins, services administratifs et banques sont fermés pendant ces jours.

New Year's Day (jour de l'An) : 1er janvier
Martin Luther King Jr's Birthday : troisième lundi de janvier
President's Day (anniversaire de Washington) : troisième lundi de février
Memorial Day : dernier lundi de mai
Independance Day (fête de l'Indépendance) : 4 juillet
Labor Day (fête du Travail) : premier lundi de septembre
Colombus Day (journée de Colomb) : deuxième lundi d'octobre
Veterans Day (journée des Vétérans et de l'Armistice) : 11 novembre
Thanksgiving Day (Action de grâces) : quatrième jeudi de novembre
Christmas Day (Noël) : 25 décembre

 HÉBERGEMENT

Miami propose vraiment toute la gamme d'hôtels possible, des petites auberges aux hôtels les plus luxueux, où se rencontrent un respect de l'architecture traditionnelle et une élégance contemporaine. L'abondance de motels le long des autoroutes permet aux voyageurs de trouver des chambres à des prix très abordables et parmi les moins chères aux États-Unis. À l'autre extrémité de l'échelle des prix, se retrouvent les hôtels de très grand luxe. Ces établissements donnent la possibilité de pratiquer plusieurs activités : golf, tennis, etc. S'y retrouvent aussi de très bons restaurants et des spectacles. Toutes ces installations se situent sur le terrain de l'hôtel, de sorte que les visiteurs peuvent y passer toutes leurs vacances sans quitter l'établissement. Le confort est proportionnel au prix. Peu importe vos goûts ou votre budget, cet ouvrage saura sûrement vous aider avec ses sections régionales. Rappelez-vous que les chambres peuvent devenir rares et les prix s'élever durant la haute saison, soit l'hiver, dans la majeure partie de la région. Les voyageurs qui désirent visiter Miami durant la haute saison devraient réserver à l'avance ou arriver tôt dans la journée. L'hébergement est présenté par région et par ordre de prix, du moins cher au plus cher. Les prix mentionnés sont en vigueur durant la haute saison; donc, si vous y allez pendant une autre période, il est conseillé de vous informer des rabais consentis. Les hôtels pour petit budget sont généralement propres, satisfaisants, mais modestes, et sous la barre des 50$ pour deux personnes. Les établissements de prix moyen oscillent entre 70$ et 100$; ce qu'ils offrent en fait de luxe varie selon leur situation, mais leurs chambres sont généralement plus grandes, et leur environnement s'avère plus attrayant. Les hôtels de catégorie moyenne-élevée coûtent entre 100$ et 150$ pour deux. Les chambres y sont spacieuses, et le hall d'entrée est agréable. S'y retrouvent la plupart du temps un restaurant et quelques boutiques. En dernier lieu, les hôtels de grand luxe, réservés à ceux et celles pour qui le budget importe peu, sont les meilleurs de la région.

La **Greater Miami & The Beaches Hotel Association** *(407 Lincoln Road, Suite 10G, Miami Beach, ☎531-3553, ≈531-8954, www.gmbha.miami.fl.us)* peut vous fournir des informations sur plus de 100 hôtels dans la région.

 RESTAURANTS

Dans chacun des chapitres, les restaurants sont regroupés par région et listés par ordre de prix, des moins chers aux plus chers. Les prix qui suivent sont pour un repas complet pour une personne, et ce, sans vin. Les moins chers *($)* sont généralement en deçà de 10$; l'ambiance y est informelle, le service s'avère rapide, et ils sont fréquentés par les gens du coin. La catégorie moyenne *($$)* se situe entre 10$ et 16$; l'ambiance y est déjà plus détendue, le menu plus varié plus varié et le rythme plus lent. La catégorie supérieure *($$$)* oscille entre 16$ et 25$; la cuisine y est simple ou recherchée, mais le décor se veut plus agréable et le service plus personnalisé. Puis il y a les restaurants de grand luxe *($$$$)*, où les prix débutent à 25$; ces endroits sont souvent pour les gourmets, la cuisine y devient un art et le service s'avère toujours impeccable.

$	moins de 10$
$$	de 10$ à 16$
$$$	de 16$ à 25$
$$$$	plus de 25$

RENSEIGNEMENTS GÉNÉRAUX

Pourboire

En général, le pourboire s'applique à tous les services rendus à table, soit dans les restaurants ou autres endroits où l'on vous sert à table (la restauration rapide n'entre donc pas dans cette catégorie). Il est aussi de rigueur dans les bars, les boîtes de nuit et les taxis. Les chasseurs et les femmes de chambres s'attendent aussi à un petit pourboire.

Selon la qualité du service rendu, il faut compter environ 15% de pourboire sur le montant avant les taxes. Il n'est pas, comme en Europe, inclus dans l'addition, et le client doit le calculer lui-même et le remettre à la serveuse ou au serveur; service et pourboire sont une même et seule chose en Amérique du Nord.

ENFANTS

Faites vos réservations à l'avance, en vous assurant que l'endroit où vous désirez loger accepte les enfants. S'il vous faut un berceau ou un petit lit supplémentaire, n'oubliez pas d'en faire la demande au moment de réserver. Un bon agent de voyages peut vous être très utile à cet égard, de même que pour vos différents projets de vacances.

Si vous vous déplacez en avion, demandez des sièges en face d'une cloison; vous y aurez plus d'espace. Transportez, dans vos bagages à main, couches, vêtements de rechange, collations et jouets ou petits jeux. Si vous vous déplacez en voiture, tous les articles que nous venons de mentionner sont également indispensables. Assurez-vous en outre de faire des provisions d'eau et de jus; la déshydratation peut en effet occasionner de légers problèmes.

Ne voyagez jamais sans une trousse de premiers soins. Outre les pansements adhésifs, la pommade antiseptique et un onguent contre les démangeaisons, n'oubliez pas les médicaments recommandés par votre pédiatre contre les allergies, le rhume, la diarrhée ou toute autre affection chronique dont votre enfant pourrait souffrir.

Si vous comptez passer beaucoup de temps à la plage, soyez particulièrement prudent les premiers jours. La peau des enfants est généralement plus fragile que celle des adultes, et une grave insolation peut survenir plus tôt que vous ne le croyez. Enduisez vos enfants de crème solaire, et songez même à leur faire porter un chapeau. Inutile de vous dire qu'il faut toujours surveiller vos tout-petits lorsqu'ils se trouvent près de l'eau.

Plusieurs villages, parcs et sites touristiques proposent des activités spécialement conçues pour les enfants. Consultez les journaux locaux ou ce guide pour vous informer à ce sujet.

AÎNÉS

Les citoyens de plus de 65 ans peuvent bénéficier de droits d'entrée spéciaux dans presque tous les parcs d'État, et le Golden Age Passport (passeport de l'âge d'or), dont vous devez faire la demande en personne, permet aux gens âgés de 62 ans et plus d'accéder aux sites et parcs nationaux à tarif réduit.

L'**American Association of Retired Persons (AARP)** *(3200 E. Carson St., Lakewood, CA 90712, ☎310-496-2277)* accepte comme membre toute personne de plus de 50 ans qui en fait la demande. Les avantages proposés par cette association incluent des remises sur les voyages organisés par plusieurs firmes.

Soyez particulièrement avisé en ce qui a trait aux questions de santé. En plus des médicaments que vous prenez normalement, glissez votre ordonnance dans vos bagages pour le cas où vous auriez besoin de la renouveler. Songez aussi à transporter votre dossier médical avec vous, de même que le nom, l'adresse et le numéro de téléphone de votre médecin. Assurez-vous enfin que vos assurances vous protègent à l'étranger.

PERSONNES HANDICAPÉES

Miami s'efforce de rendre de plus en plus de destinations accessibles aux personnes handicapées. Pour de plus amples renseignements sur les régions que vous projetez de visiter, adressez-vous à la **Florida Paraplegic Association** *(☎868-3361)*.

Les organismes suivants sont aussi en mesure de fournir des renseignements utiles aux voyageurs handicapés : **Deaf Services Bureau** *(1320 S. Dixie Hwy., Suite 760, Coral Gables (☎668-4407, ⇒668-4669)*, **Miami-Dade Disability Services and Independent Living** *(1335 NW. 14th St., Miami, ☎547-5444, ⇒547-7355)* ou **Miami-Dade Transit Agency Special Transportation Service** *(2775 SW. 74th Ave., Miami, ☎263-5400)*. Au Québec, **Keroul** *(4545 Av. Pierre-de-Coubertin, C.P. 1000, succursale M, Montréal, H1V 3R2, ☎514-252-3104, ⇒254-0766)* propose également ce genre d'informations.

DIVERS

Bars et discothèques

Certains exigent des droits d'entrée, particulièrement lorsqu'il y a un spectacle. Le pourboire n'y est pas obligatoire et est laissé à la discrétion de chacun; le cas échéant, on appréciera votre geste. Pour les consommations par contre, un pourboire entre 10% et 15% est de rigueur.

Décalage horaire

Lorsqu'il est 12h à Montréal, il est 12h à Miami. Le décalage horaire pour la France, la Belgique ou la Suisse est de six heures. Attention cependant aux changements d'horaire, qui ne se font pas aux mêmes dates : aux États-Unis et au Canada, l'heure d'hiver entre en vigueur le dernier dimanche d'octobre et prend fin le premier dimanche d'avril. N'oubliez pas qu'il existe plusieurs fuseaux horaires aux États-Unis : Los Angeles, sur la côte du Pacifique, a trois heures de retard sur New York, et Hawaii en a cinq.

Drogues

Elles sont absolument interdites (même les drogues dites «douces»). Aussi bien les consommateurs que les distributeurs risquent de très gros ennuis s'ils sont trouvés en possession de drogues.

Électricité

Partout aux États-Unis et en Amérique du Nord, la tension électrique est de 110 volts et de 60 cycles (Europe : 50 cycles); aussi, pour utiliser des appareils électriques européens, devrez-vous vous munir d'un transformateur de courant adéquat.

Les fiches d'électricité sont plates, et vous pourrez trouver des adaptateurs sur place ou, avant de partir, vous en procurer dans une boutique d'accessoires de voyage ou une librairie de voyage.

Poids et mesures

Le système impérial est en vigueur aux États-Unis :

Mesures de poids
    1 livre (lb) = 454 grammes

Mesures de distances
    1 pied (pi) = 30 centimètres
    1 mille (mi) = 1,6 kilomètre
    1 pouce (po) = 2,5 centimètres

Mesure de superficie
    1 acre = 0,4 hectare
    10 pieds carrés (pi²) = 1 mètre carré

Mesures de volume
    1 gallon américain (gal) = 3,79 litres

Mesures de température
Pour convertir des F° en C° : soustraire 32, puis diviser par 9 et multiplier par 5.
Pour convertir des C° en F° : multiplier par 9, puis diviser par 5 et ajouter 32.

Adresse utile

Interprètes et traducteurs

Conference Tech Inc.
9110 SW. 28th Street
Miami
☎552-7875
⊨552-8065
www.conftech.com

Médias

Le grand quotidien de Miami est le *Miami Herald*. Ceux et celles qui préfèrent lire leur journal en espagnol choisiront son pendant hispanique *El Nuevo Herald*.

Le *News Time* est un hebdomadaire gratuit publié le jeudi et propose par ailleurs un bon aperçu de la vie culturelle de Miami. De plus, vous y trouverez de bonnes adresses pour sortir et manger, ainsi que des critiques de spectacles et des chroniques sur l'actualité. Le *Francophone international* est le seul hebdomadaire de langue française en Floride.

Voici quelques endroits où l'on peut se procurer le *Francophone International*.

Coral Gables

Barnes & Nobles *(152 Miracle Mile)*

Coconut Grove

News Cafe *(2901 Florida Ave.)*

Hollywood

Hollywood Beach Hotel *(101 N. Ocean Drive)*

Fort Lauderdale

Alliance française *(201 SE. 8th Ave.)*

Miami Beach

Books and Books *(927 Lincoln Road)*

New's Cafe *(804 Ocean Drive)*

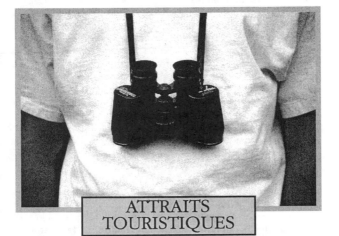

ATTRAITS TOURISTIQUES

Pour beaucoup de gens, Miami évoque un lieu de villégiature toujours baigné par un soleil de plomb, habité par de nombreux retraités coiffés d'un chapeau trop grand, affalés sur une chaise pliante en train de siroter une limonade fraîche, ou bien encore une ville interlope fourmillant d'individus sans scrupules, à la mine patibulaire, prêts à braquer des banques ou à tirer à bout portant sur des voitures de touristes. Il va sans dire que ces images sont des clichés qui font partie désormais d'un chapitre clos de l'histoire de Miami, et vous serez sans doute très surpris en débarquant aujourd'hui à Miami de découvrir une ville pimpante et très animée offrant quantité d'attraits aussi surprenants qu'inattendus. Eh non, ses curiosités ne se résument pas uniquement aux plages!

 CIRCUIT A : SOUTH BEACH ★★★

Si Julia Tuttle est la mère fondatrice de Miami, John Collins revendique l'honneur d'avoir donné vie à Miami Beach. Peut-être influencé par la vision de Tuttle, Collins décide d'acheter une bande de terre vers 1909. «Simple événement banal» dites-vous. Le hic, c'est que ce territoire émerge à l'est du continent, sans pont ni route pour s'y rendre, mis à part le bateau. Collins fait donc construire un pont afin de permettre un développement plus rapide de sa propriété, mais pas de chance, aux trois quarts des travaux de construction, il constate qu'il n'a plus d'argent pour achever son œuvre. Déterminé à poursuivre son rêve, il s'efforce de convaincre le plus de monde possible à s'associer avec lui. Personne n'ose se lancer dans une telle aventure, sauf un autre rêveur, Carl Fisher. Celui-ci accepte et choisit d'abord d'assécher Biscayne Bay afin de renforcer la structure du pont. Peu après, Miami Beach allait naître.

Comme son nom l'indique, South Beach ou, si vous préférez, SoBe forme la partie méridionale de Miami Beach et constitue «la» place pour danser, bronzer, manger, boire, parader, regarder et laisser tomber ses inhibitions. Depuis quelques années en effet, South Beach est littéralement en train de renaître de sa décrépitude passée. De nombreux hôtels sont restaurés tout en demeurant fidèles à leur architecture d'origine, des restaurants chics s'érigent çà et là, l'industrie du cinéma a pour South Beach des yeux de velours afin de se l'approprier comme lieu de tournage, les magazines de mode y délèguent leurs meilleurs photographes pour embellir leurs pages en papier glacé dans le but de gonfler leur tirage, les touristes optent pour flâner davantage sur la plage et finalement les commerces qui la bordent sont florissants. De plus, South Beach s'enorgueillit d'abriter la plus grande concentration d'immeubles Art déco de la planète.

Le quartier Art déco ★★★

Vers la fin des années soixante-dix, le quartier Art déco était brûlé par un soleil ardent qui ternissait la peinture des hôtels vétustes, lesquels, jusqu'ici, constituaient, sans qu'on le sache, le patrimoine de la ville, mais sombraient peu à peu dans la décrépitude, tant et si bien que rien alors ne laissait croire qu'un tout autre sort leur était réservé. Mais grâce aux efforts répétés de Barbara Capitman, ce quartier fut enfin tiré de la désuétude par de nombreux volontaires et personnalités publiques acharnés à préserver cet héritage du passé. Tous ces gens de bonne volonté se sont donc associés pour revigorer tout spécialement ce quartier en fondant un organisme non gouvernemental voué à la conservation du patrimoine architectural de l'agglomération et ayant pris le nom de la «Miami

Quartier Art déco

Design Preservation League». Depuis 1979, le quartier Art déco figure donc sur la liste du patrimoine historique américain, avec environ 800 bâtiments érigés entre 1923 et 1943. «Bâtiments historiques?» diront certains sceptiques avec beaucoup d'ironie dans la voix et en levant un sourcil dubitatif. Évidemment, on ne peut pas comparer la jeune histoire de l'Amérique à celle bien plus ancienne de l'Europe, et il est vrai qu'un hôtel construit en 1940 n'a pas la même valeur historique et patrimoniale qu'une abbaye anglo-saxonne érigée au XIe siècle par exemple. Pris individuellement, un immeuble Art déco n'a guère de prestige. Toutefois, si l'on en regroupe près de 800 dans un périmètre bien défini, c'est une autre histoire. Et c'est là précisément que réside tout le charme émanant de South Beach. Déambuler en effet dans les rues du quartier Art déco plonge tout droit le visiteur au début du siècle. C'est pourquoi les immeubles du quartier furent plus ou moins hâtivement requinqués, mais la plupart ont gardé leur façade d'antan habillée de couleurs pastel rafraîchies et ornée de formes géométriques incongrues pour mieux vamper le visiteur nostalgique d'une époque révolue. La **Miami Design Preservation League** loge dans l'**Art Deco Welcome Center** *(1001 Ocean Drive, ☎531-3484)* et organise des visites guidées du quartier Art déco. L'Art Deco Welcome Center fait aussi office de boutique de souvenirs qui vend entre autres des livres sur l'Art déco.

Toutefois, les années quatre-vingt et le début des années quatre-vingt-dix furent difficiles à différents niveaux. D'une part, l'arrivée massive d'immigrants sans emploi et, d'autre part, les problèmes de cohabitation raciale et de trafic de drogue ont abouti à une escalade de la violence urbaine et ont rendu la ville inhospitalière aux visiteurs de toutes provenances. En effet, au début des années quatre-vingt-dix, cinq touristes furent tués dans des incidents séparés et beaucoup d'autres furent victimes de vol ou d'agression. Enfin, Dame Nature décida, en août 1992, d'y ajouter son grain de sel et de se manifester sous la forme d'une des plus violentes tempêtes tropicales du siècle qu'on surnomma *Andrew*. Puis, au même moment, par une curieuse ironie du sort, une série télévisée intitulée *Miami Vice*, qui traitait de policiers drapés de jolies fringues, conduisant des bagnoles rutilantes, entourés de belles filles et cherchant à mettre les méchants trafiquants de drogue sous les verrous, a innocemment contribué à orchestrer une campagne de marketing sans égale pour le monde de la mode, autant sur le plan national qu'international. Ces images «artistiques» furent diffusées à travers le monde et eurent un effet d'entraînement qui s'observe encore aujourd'hui. Peu à peu, des photographes de mode ont débarqué à South Beach pour immortaliser sur pellicule des mannequins aux corps de déesses rayonnant de tous leurs feux sous le soleil floridien; puis des personnalités artistiques telles que Madonna, Cher et Sylvester Stalone vinrent fréquenter les restaurants et les night-clubs, et y construire des palaces. L'acteur anglais Michael Caine décida même d'y ouvrir un chic restaurant. De bouche à oreille, la mode était lancée et, sans qu'elle s'en rende compte, Miami Beach devenait peu à peu une ville plutôt factice qui, de plus en plus, suscitait l'intérêt du gratin de la société.

Ocean Drive ★★★

Si South Beach est le cœur palpitant de Miami Beach, Ocean Drive est sans nul doute sa principale artère coronaire, car la circulation fluide qui sillonne cette avenue n'arrête jamais et irrigue nuit et jour tout le quartier. En effet, cette large voie de circulation est bordée par de nombreux cafés-terrasses, hôtels,

A **Miami Beach**
South Beach (Attraits)

N

Biscayne Bay

Océan Atlantique

ART DECO DISTRICT

Venetian Causeway (péage)

Bellelsle Park

Flamingo Park

MacArthur Causeway

South Beach Park

Biscayne St.

South Point Park

Art Deco Welcome Center

● **ATTRAITS**

1. Ancienne résidence du couturier Gianni Versace
2. Lummus Park
3. Stanford L. Ziff Jewish Museum of Florida
4. Wolfsonian
5. Bureau de poste
6. Miami Beach Convention Center
7. Jackie Gleason Theater of the Performing Arts
8. Holocaust Museum
9. Bass Museum of Art

© ULYSSE

Amsterdam Palace

restaurants, bars et autres commerces à la mode qui attirent
une foule bigarrée où l'on rencontre pêle-mêle la fille en patins
à roues alignées, le type aux biceps et aux pectoraux bien
huilés ou le simple touriste vêtu d'un t-shirt aux couleurs
criardes, aussi bien que le mannequin grillant une cigarette ou
encore l'homme d'affaires parlant sans arrêt dans son cellulaire
et parfois même la célébrité se cachant derrière ses verres
fumés. L'avenue déroule son décor clinquant et ses appâts
commerciaux entre 1st Street au sud et 14th Street au nord, et
la nuit venue, elle ne semble jamais s'endormir, car elle scintille
de plus belle pour achever son œuvre de charme et de séduction auprès d'une foule complice de badauds et de noctambules
en goguette.

Les portes de l'**ancienne résidence de Gianni Versace** ou
Amsterdam Palace *(1114 Ocean Drive)*, ce couturier italien
assassiné par un désespéré, sont barrées par de grosses
chaînes, mais cela n'empêche pas les badauds de se présenter
devant les marches afin de se faire photographier. Il paraît que
les plans de la demeure sont basés sur ceux de l'ancienne
maison du fils de Christophe Colomb à Santo Domingo, en

Une journée dans le quotidien d'Ocean Drive

Il est 7h et vous êtes attablé sur l'une des nombreuses terrasses qui bordent Ocean Drive en train de lire tranquillement le journal du matin devant un café bien corsé à l'ombre d'un parasol. Tout à coup, en baissant légèrement votre journal, vous apercevez une luxueuse limousine qui passe devant vous, suivie d'adeptes du *roller-blade* qui défilent sur le trottoir. Puis, en portant votre regard au loin vers la plage, vos yeux s'arrêtent sur des photographes de mode ou de presse qui ajustent leurs lentilles et sur des mannequins en pleine séance de maquillage ou des éclairagistes préparant une prise de vue en extérieur, tandis qu'un peu plus loin, alors que vous scrutez toujours l'horizon du regard, des haltérophiles spartiates s'exercent. Vous ne rêvez point : «Bienvenue à Ocean Drive, l'endroit chic par excellence qui jouit de la faveur des magazines de mode pour y tenir des séances de photo de tout acabit se déroulant à l'air libre, sous vos yeux, et le lieu de rencontre que la classe sociale privilégiée aime à fréquenter!»

Pour vous dire à quel point Ocean Drive est synonyme de *cool*, l'un des magazines de mode américains qui hante souvent ce lieu de prédilection a choisi *Ocean Drive* comme nom générique. Ce dernier a même accepté qu'un magazine de Montréal concurrent, mais moins important, puisse lui aussi utiliser ce nom pour attirer le plus de lecteurs possible. Mis à part les mannequins qui adorent se faire croquer ici par les photographes, plusieurs *wannabees* déambulent doucement le long d'Ocean Drive ou prennent place sur une terrasse, cherchant à profiler leur silhouette le plus avantageusement possible afin d'attirer l'attention d'un agent influent qui lancera peut-être leur carrière.

Un peu plus loin, des badauds se pointent et s'esclaffent afin de se faire photographier devant l'ancienne résidence du célèbre couturier italien Gianni Versace. Au fur et à mesure que la journée avance, la place ne cesse de bourdonner sous l'effet du brouhaha de la musique d'ambiance diffusée à chaque terrasse et des mille conversations où le *spanglish* se mêle aux autres langues parlées par les visiteurs étrangers. Vers la fin de la journée, inondés d'une lumière crépusculaire, les commerces et les hôtels allument un à un leurs néons comme pour rassembler encore davantage une foule captive de ripailleurs qui grossit toujours. De tous côtés, les visiteurs affluent, des cris fusent, le personnel brille comme un sou neuf et s'empresse de garer les luxueuses bagnoles des clients; des groupes de musiciens animent les terrasses, les touristes s'engouffrent dans la foule qui circule à pas lents sur le trottoir et, sous les faisceaux lumineux des phares des véhicules, se découpe la silhouette furtive des passants anonymes venus déambuler un soir le long d'Ocean Drive. Avant les 12 coups de minuit, une foule fringante et bigarrée se dirige vers les bars ou les boîtes de nuit pour finir en beauté la soirée, tout en s'éclatant sur les pistes de danse de ces divers établissements nocturnes avant de regagner l'hôtel tard dans la nuit et de s'y endormir, fourbue et avinée, dans l'impatience du lendemain.

République dominicaine. Remarquez le télescope géant qui saille du toit.

Situé entre Ocean Drive et la plage, le **Lummus Park ★** *(entre 5th St. et 15th St.)* est fréquenté assidûment par des amateurs de patin à roues alignées, de jogging et de volley-ball, ainsi que par tous ceux qui veulent profiter du généreux soleil de la Floride pour se promener tout bonnement le long de la plage.

Poursuivez votre balade sur Ocean Drive en direction sud jusqu'à 3rd Street. De là, tournez à droite et marchez jusqu'à Washington Avenue.

Ce n'est pas un hasard si le **Stanford L. Ziff Jewish Museum of Florida ★★** *(5$; mar-dim 10h à 17h; 301 Washington Ave., ☎672-5044)* niche à l'intérieur de la plus ancienne synagogue orthodoxe de Miami Beach et se dresse à la hauteur de 3rd Street. Jusqu'en 1940, les Juifs n'étaient pas les bienvenus au nord de 5th Street. Ce triste chapitre de l'intolérance de la présence juive à Miami Beach est désormais clos, mais le Stanford L. Ziff Jewish Museum of Florida perpétue, depuis son inauguration comme musée au milieu des années quatre-vingt-dix, le souvenir de ce peuple et de sa culture en relatant, à l'aide de photographies, de tableaux et de vidéos, l'histoire de la communauté juive locale depuis son arrivée en Floride.

En sortant du musée, tournez à votre droite et montez Washington Avenue jusqu'à 10th Street.

De l'extérieur, la façade du **Wolfsonian** ★★ *(5$; mar, mer et sam 11h à 18h; jeu 11h à 21h; dim 12h à 17h; 1001 Washington Ave. ☎535-2602)* laisse apparaître le style faste et pompeux de l'art baroque. Au début du siècle, cette noble demeure servait à entreposer les biens et effets personnels de la riche bourgeoisie qui vivait près de là. De nos jours, elle est transformée en musée où le visiteur peut observer sur 3 niveaux près de 70 000 objets d'art, de livres anciens, d'affiches et autres bibelots reliés aux divers designs à la mode qui se sont succédé pendant la période allant de 1885 à 1945.

Deux rues plus au nord à votre gauche, toujours sur Washington Avenue, vous remarquerez le bureau de poste de South Beach.

Le **bureau de poste** *(1300 Washington Ave.)* loge à l'intérieur d'un immeuble plutôt effacé qui a été érigé vers 1939. Toutefois, si vous avez quelques minutes, poussez-donc la porte et jetez-y un coup d'œil pour admirer sa jolie rotonde, où entre la lumière à profusion, ainsi que sa peinture murale évoquant une scène de l'histoire coloniale de la région.

En sortant du bureau de poste, continuez votre chemin sur Washington Avenue jusqu'à la sympathique Española Way.

L'**Española Way** ★★ égrène ses cafés-terrasses et ses boutiques de mode entre Drexel Avenue et Washington Avenue. Cette charmante rue prend des allures méditerranéennes à cause des balcons élégamment ornés de fer forgé enjolivant les façades des belles maisons qui la bordent.

Après avoir parcouru Española Way, empruntez Meridian Avenue pour aboutir au cœur de Lincoln Road.

La **Lincoln Road** ★★ est une artère piétonne inaugurée au début de 1920 par Carl Fisher, mais elle connut un certain déclin à la suite de la dépression des années trente et de la Deuxième Guerre mondiale. Puis, autour de 1950, Morris Lapidus, l'architecte du Fontainebleau et de l'Eden Roc, reprit le flambeau et insuffla un regain d'intérêt pour revitaliser cette voie qui hélas ne perdura pas. La rue fut finalement rénovée vers le milieu des années quatre-vingt et, de nos jours, elle resplendit de plus belle à cause des nombreuses boutiques de mode, des restos branchés et des estaminets qui s'y sont installés. De plus, The Colony Theater, The Lincoln Theatre et The Miami City Ballet s'ajoutent à la liste des institutions de prestige qui y logent déjà, pour l'embellir davantage et contribuer à hausser encore plus le standing de cette rue qui est ainsi devenue en peu d'années l'une des plus chics et des mieux fréquentées de la ville.

Dirigez-vous vers l'est, à l'angle de Lincoln Road et de Washington Avenue, puis tournez à gauche et arrêtez-vous à la hauteur de 18th Street.

Le **Miami Beach Convention Center** *(1901 Convention Center Drive, ☎673-7311)* est le plus grand centre de congrès de Miami et reçoit souvent des congrès de toutes provenances.

Situé à côté du Miami Beach Convention Center, le **Jackie Gleason Theater of the Performing Arts** *(1700 Washington Ave., ☎673-7300)* est une salle de spectacle qui doit son nom au célèbre comédien américain, car elle servit à l'émission de télévision fétiche qu'il anima jusqu'en 1970. Son extérieur arbore une architecture Art déco, tandis que l'intérieur peut accueillir près de 3 000 spectateurs qui viennent assister aux présentations des productions de Broadway ainsi qu'à des concerts de musique symphonique. Devant l'immeuble se trouve une statue de l'artiste Roy Lichenstein intitulée *Mermaid*.

Dirigez-vous à l'ouest du Miami Beach Convention Center, à l'angle de Dade Boulevard et de Meridian Avenue.

Loin du tape-à-l'œil et de l'activité frivole qui s'étalent le long de la plage, l'**Holocaust Museum** ★★★ *(entrée libre; 1933-1945 Meridian Ave.)* est un mémorial qui rend un hommage particulièrement émouvant et vibrant aux victimes du régime nazi au cours de la Seconde Guerre mondiale. Là, au milieu d'un étang, on peut y voir une sculpture monumentale représentant une main géante à demi ouverte qui semble s'élancer, comme dans un ultime effort, vers l'éternité avant de se refermer à tout jamais. Cette main semble se mouvoir au milieu de nombreux êtres faméliques, hagards et désemparés qui cherchent désespérément une protection en tentant de s'accrocher à elle. On accède à ce mémorial par un long couloir en demi-cercle dont les murs sont tapissés d'innombrables noms et de photos de Juifs ayant péri durant ce triste épisode inscrit à jamais sous le nom d'holocauste à l'un des chapitres les plus troublés de l'histoire de l'humanité. Pour achever de créer l'atmosphère et compléter le tout, des accents d'une musique classique très émotive qui vient vous chercher au tréfonds de votre être baignent l'ensemble des lieux. On ressort de là ému, troublé et profondément différent de l'état dans lequel on se trouvait en entrant.

Si vous n'êtes pas trop fatigué de marcher, tournez à droite sur Dade Boulevard jusqu'au Bass Museum of Art. Le musée est situé à environ 10 min de marche du mémorial.

Le **Bass Museum of Art** ★ *(5$; mar-sam 10h à 17h, dim 12h à 17h; 2121 Park Ave. ☎673-7530)* doit son nom à un couple d'Autrichiens, John et Johanna Bass, qui firent don à la ville de leur collection d'œuvres d'art comprenant des tableaux, des sculptures et des meubles anciens du XVe siècle au XVIIe siècle. John Bass est né à Vienne en 1891 et déménagea en Amérique du Nord en 1914. Johanna Bass mourut en 1970 et son mari, en 1978.

 CIRCUIT B : CENTRE ET NORD DE MIAMI BEACH ★

Le centre et le nord de Miami Beach n'ont guère d'attraits touristiques pour les visiteurs. Il s'agit d'une succession de condominiums, d'hôtels de luxe et de résidences secondaires. Bref, mis à part les plages, rien n'attire le visiteur dans ce *no man's land*. Toutefois, en vous dirigeant vers le nord sur Collins Avenue, au coin de 44th Street, votre regard sera immanquablement attiré par la **peinture murale en trompe-l'œil de l'énorme Fontainebleau Hotel**. Cette peinture murale représente la piscine de l'hôtel qui se trouve en réalité derrière le mur auquel est adossé ce fameux palace. L'hôtel en soi constitue un bel exemple des vastes établissements hôteliers construits dans les années quarante dans le pays du *bigger is better*, dans ce domaine-ci comme dans bien d'autres.

ATTRAITS TOURISTIQUES

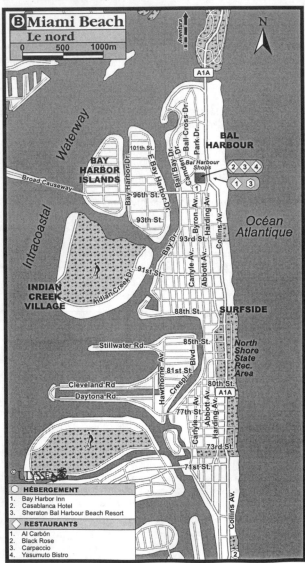

B Miami Beach
Le nord

0   500   1000m

HÉBERGEMENT
1. Bay Harbor Inn
2. Casablanca Hotel
3. Sheraton Bal Harbour Beach Resort

RESTAURANTS
1. Al Carbón
2. Black Rose
3. Carpaccio
4. Yasumuto Bistro

Le Leslie Hotel, situé dans l'Art Deco District, témoigne d'une époque révolue mais ô combien présente dans la duchesse du *Sunshine State*.
- B. Farcy

La ville de Miami, en bordure de l'océan Atlantique.
- *Marian Buchanan*

Bâtiment typique de l'Art Deco District. - *Claude Morneau*

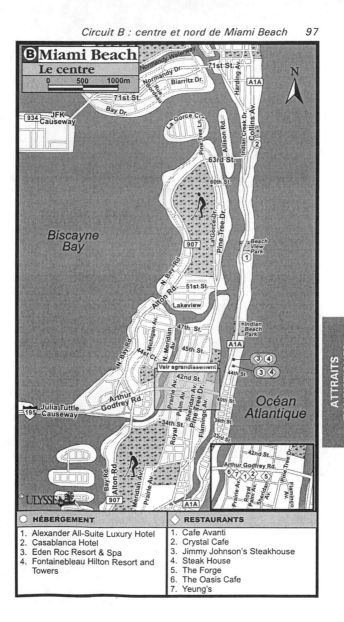

B Miami Beach
Le centre

HÉBERGEMENT	RESTAURANTS
1. Alexander All-Suite Luxury Hotel	1. Cafe Avanti
2. Casablanca Hotel	2. Crystal Cafe
3. Eden Roc Resort & Spa	3. Jimmy Johnson's Steakhouse
4. Fontainebleau Hilton Resort and Towers	4. Steak House
	5. The Forge
	6. The Oasis Cafe
	7. Yeung's

ATTRAITS TOURISTIQUES

CIRCUIT C : CENTRE-VILLE DE MIAMI ★

Miami est le résultat d'une idée qui germa dans la tête d'une visionnaire et que tout le monde croyait un peu tarée, Julia Tuttle. En 1890, après le décès de son mari, elle émigra de Cleveland vers le sud de la Floride pour s'installer sous un ciel plus clément, mais dans un environnement nettement moins développé qui allait ultérieurement devenir Miami. Coupée du reste du monde et isolée au sud de la péninsule floridienne, la région ne se développerait jamais, savait-elle pertinemment sans un quelconque moyen de communication : le train. Après avoir essuyé un refus de la part du propriétaire de la ligne de la Côte Ouest, elle tenta sa chance en formulant la même demande à Henry Morrison Flagler, propriétaire de la Florida East Coast Railway Company, mais en vain.

Quelques années plus tard, vers la fin de l'année 1894, une vague de froid s'abattit sur le nord de la péninsule floridienne et ruina la quasi-totalité des plantations, mais épargna la région du sud. Julia Tuttle n'allait pas manquer sa chance en insistant auprès de Henry Flager. Elle lui envoya donc des fleurs d'oranger de sa propre plantation accompagnées d'une lettre inspirée lui expliquant sa vision et son rêve. Cela fut suffisant pour qu'il accepte de venir discuter de vive voix avec elle en juin 1895. Julia Tuttle lui proposa donc un marché qu'il ne pouvait refuser : en échange de la moitié des propriétés de Tuttle, il prolongera sa ligne jusqu'à Miami. Le 28 juillet 1896, le train crache ses derniers nuages de vapeur et inscrit définitivement Miami dans les annales de l'histoire américaine.

De simple bourgade érigée autour de la Miami River, Miami s'est rapidement développée avec la vague d'immigration cubaine en 1959, puis avec l'érection de plusieurs gratte-ciel. Aujourd'hui, le soir venu, la majorité des gens délaissent le quartier du centre-ville pour se réfugier dans les banlieues, mais les gratte-ciel s'illuminent tandis que le Metrorail et le Metromover poursuivent inexorablement leur trajet aérien afin d'offrir au regard des passants un spectacle de toute beauté qui donne l'impression de se retrouver dans un environnement irréel avec des airs futuristes.

● **ATTRAITS**

1. Dade County Courthouse—Metro Dade Cultural Center—Historical Museum of Southern Florida (Center for the Fine Arts, Miami Dade Public Library)
2. Atlantis

3. Nations Bank Tower
4. Bayside Market Place
5. Fisher Island
6. Freedom Tower
7. JFK Torch of Friendship Wall

○ **HÉBERGEMENT**

1. Everglades Hotel
2. Hyatt Regency
3. Inter-Continental (R)
4. Miami River Inn
5. Sheraton Brickell

(R) : Restaurant

◇ **RESTAURANTS**

1. Hard Rock Cafe
2. Lombardi's
3. Panini Cafe Bar

© ULYSSE

ATTRAITS
TOURISTIQUES

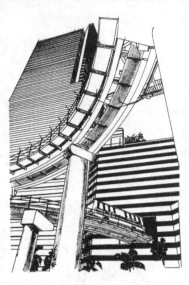

Metromover

Le **Metro-Dade Cultural Center** *(101 W. Flagler St., angle NW. First Ave., ☎375-1700)* regroupe trois immeubles d'architecture méditerranéenne : l'Historical Museum of Southern Florida, la Metro-Dade Public Library et le Miami Center for the Fine Arts. Comme son nom l'indique, l'**Historical Museum of Southern Florida ★★** *(4$; lun-sam 10h à 17h, jeu 10h à 21h, dim 12h à 17h; ☎375-1492, ≈375-1609, www.historical-museum.com)* retrace l'histoire du sud de la Floride à l'aide de maquettes, de photos anciennes et de produits artisanaux d'antan, de la période qui va du peuplement des premières tribus séminoles jusqu'à l'arrivée des exilés cubains dans les années soixante, en passant par l'arrivée des Juifs et l'ère coloniale. La **Metro-Dade Public Library** est ouverte à tous ceux qui veulent prendre le temps de lire un bon roman ou de faire un peu de recherche. Le **Miami Center for the Fine Arts ★** *(mar-mer 10h à 17h, jeu 10h à 20h, sam-dim 12h à 17h; ☎375-3000)* présente diverses œuvres d'art contemporain et accueille dans ses locaux différentes expositions temporaires.

La frétillante **Brickell Avenue** a été nommée ainsi en mémoire de la riche famille Brickell, qui contribua grandement à développer la ville de Miami au début du XXe siècle, alors qu'elle n'était encore qu'une petite bourgade. Curieusement, cette large avenue est aujourd'hui bordée de banques blindées étrangères et nationales qui gardent derrière leur façade de verre les capitaux détenus par de nombreuses multinationales. S'y trouvent aussi quelques immeubles à l'architecture inusitée, comme l'**Atlantis** ★ *(2025 Brickell Ave.)*, le **Palace** *(1541 Brickell Ave.)* et l'**Imperial** *(1627 Brickell Ave.)*. L'Atlantis se distingue par sa façade vitrée qui comporte une ouverture en son centre, par laquelle on peut observer un palmier et un escalier rouge en spirale. Ceux et celles qui suivaient la série policière *Miami Vice* l'ont peut-être déjà remarqué lors des scènes d'ouverture de l'émission.

Les plans de la **NationsBank Tower** *(SE. 2nd St., angle SE. 1st Ave.)* furent conçus par la firme d'architectes Pei, et les travaux furent achevés en 1983. Son illumination nocturne retient l'attention en raison de la palette de faisceaux lumineux aux couleurs changeantes qui la fait chatoyer à intervalles réguliers durant toute la nuit.

De loin, on repère facilement le **Bayside Market Place** ★ *(401 Biscayne Blvd)* à cause de la prétendue réplique de la guitare d'Eric Clapton qui est juchée sur le toit du très populaire Hard Rock Cafe (voir p 185). Le Bayside Market Place est un centre commercial où fourmille une foule grouillante de touristes et de curieux qui viennent écumer les chics boutiques de mode, grignoter un brin ou simplement regarder le va-et-vient des nombreux bateaux entre la marina où ils accostent au bord de la place et leurs diverses destinations possibles, soit pour la pêche en haute mer, soit pour une promenade autour de **Fisher Island,** d'où les badauds peuvent aisément observer au large les opulentes maisons appartenant au gratin de la société. En effet, Fisher Island n'est accessible que par bateau ou par avion et est habitée essentiellement par des millionnaires qui s'y sont fait ériger des résidences secondaires au luxe ostentatoire.

Érigée en 1925 et à l'instar du Biltmore Hotel (voir p 155), la **Freedom Tower** ★ *(600 Biscayne Blvd)* présente une architecture s'inspirant de la cathédrale Giralda, à Séville. Cet édifice de couleur pêche fut d'abord occupé par l'ex-journal *The Miami Daily News* avant d'être utilisé par le département de l'Immigration pour servir de bureaux et de logements collectifs à des exilés cubains ayant fui leur pays lors de la prise du pouvoir par Fidel Castro. Pour cette raison, on nomma l'ensemble «la tour de la Liberté». Aujourd'hui, ces locaux sont vides, mais il est prévu qu'on les transforme un jour en musée.

La **Torch of Friendship Wall** ★ *(Biscayne Blvd, angle NE. 3rd St.)* est un monument du Souvenir où trône une flamme vacillante qui brûle en permanence en mémoire de l'ex-président des États-Unis, John F. Kennedy, assassiné le 22 novembre 1963 dans des circonstances encore mal définies, ainsi que pour signaler les liens d'amitié qui unissent les États-Unis à certains pays d'Amérique latine.

 CIRCUIT D : LITTLE HAVANA ★

L'usurpation du pouvoir par Fidel Castro en 1959 a provoqué une exode de la bourgeoisie cubaine à Miami et a formé une enclave à prédominance cubaine que d'autres expatriés d'origine latino-américaine ont choisi par la suite pour terre d'asile. De part et d'autre de la Calle Ocho (8th Street), les Cubains se sont installés durant les années soixante dans l'espoir de retourner chez eux une fois que Castro sera délogé du pouvoir. De nos jours, certains croient toujours à cette possibilité, tandis que beaucoup d'autres ont planté ici leurs racines et décidé de regarder de l'avant, mais tous ont l'année 1959 inscrite à l'encre indélébile dans leur inconscient collectif. À preuve, à l'angle de la Calle Ocho et du Memorial Boulevard, le **Brigade 2506** ★★, un monument coiffé d'une flamme éternelle a été érigé pour immortaliser les 94 combattants cubains qui perdirent la vie le 17 avril 1961 pendant l'intervention militaire américano-cubaine dans la baie des Cochons.

Le **Domino Park** ★, également appelé **Máximo Gómez Park** *(SW. 15th St., angle Calle Ocho)*, sert aux vieux Cubains, affichant généralement des joues creuses, de lieu de rassemblement pour boire un café corsé, fumer un cigare maison et deviser avec nostalgie des avatars de la vie tout en jouant une partie de dominos à l'ombre des palmiers qui agrémentent cet endroit pittoresque.

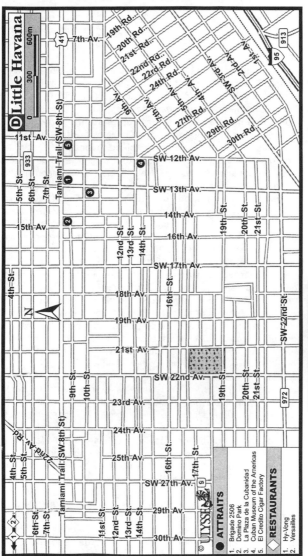

ATTRAITS
TOURISTIQUES

L'incident de la baie des Cochons et l'embargo américain

À Cuba, le 1er janvier 1959, peu avant les 12 coups de minuit, Fidel Castro était occupé à préparer tranquillement le coup d'État qu'il complotait depuis des lustres, tandis qu'au même moment le piètre dictateur Fulgencio Batista, craignant que les lourds nuages noirs qui s'accumulaient au-dessus de sa tête ne déversent sur lui à tout moment leurs calamités, baissait les bras et s'envolait pour la République dominicaine. Prévoyant qu'un tel coup pouvait surgir, la bourgeoisie cubaine décide à son tour de fuir le pays afin de soustraire à la convoitise des rebelles la fortune personnelle qu'elle avait amassée sous les régimes précédents. Peu après, de leur côté, les Américains ne tardèrent pas à se rendre compte eux aussi que Fidel penchait un peu trop vers la gauche à leur goût et décident de passer à l'action. Le 13 avril 1961, des avions militaires bombardent l'aéroport civil et les bases aériennes de Cuba, mais, malgré les frappes américaines, la majeure partie de la flotte aérienne de Castro demeure intacte. Quatre jours plus tard, des soldats américains, appuyés par la CIA et aidés d'environ 1 300 partisans de la contre-révolution cubaine, débarquent en trombe à Playa Larga et à Playa Girón dans le but de renverser Castro. Contre toute attente cependant, l'opération est un fiasco total et les francs-tireurs américains doivent battre en retraite. Durant l'opération, quelque 200 Américains et 94 Cubains perdent la vie, tandis que 1 197 soldats sont faits prisonniers. Pendant que Kennedy fume la pipe des perdants, Castro fume le cigare de la victoire, brandit l'étendard des vainqueurs et exige 60 millions de dollars d'équipement agricole contre la libération des prisonniers américains. Le président Kennedy est coincé et, politiquement, paraît en position de faiblesse; il n'a guère d'autre choix que de céder au chantage de Castro. Moyennant une rançon de 50 millions de dollars, Cuba accepte de transiger et de libérer les prisonniers de guerre. Pour sauver la face, les Américains décident alors de rompre toutes relations diplomatiques avec Cuba. Rejeté par les Américains, Fidel décide alors de se tourner vers les Soviétiques. En octobre 1962, des avions fantômes américains photographient des rampes de lancement de missiles nucléaires balistiques en territoire cubain et l'inéluctable se produit : la crise des missiles éclate.

À un doigt d'appuyer sur le bouton qui déclenchera la guerre nucléaire, Kennedy à Washington et Khrouchtchev à Moscou s'engagent alors dans une véritable partie d'échecs. La planète au complet a les yeux fixés sur les événements qui vont suivre. Jouant sa dernière carte, Kennedy propose à Khrouchtchev le marché suivant : si les Soviétiques retirent leurs missiles nucléaires, Washington promet de ne pas envahir Cuba. Khrouchtchev accepte ce marché sans avoir consulté Castro. Le 7 février 1962, les États-Unis décrètent l'embargo contre Cuba.

La **Plaza de la Cubanidad** *(W. Flagler St., angle 17th St.)* est le site d'un monument commémoratif entourant une fontaine en mémoire de l'écrivain patriote et révolutionnaire cubain José Martí. Sur l'un des murs sont gravés des vers de José Martí tirés du poème *Las palmas son novias que esperan* (Les palmiers sont des amis de cœur qui attendent).

Érigé par les exilés cubains à Miami, le **Cuban Museum of the Americas** ★ *(2$; mar-ven 12h à 18h; 1300 SW. 12th Ave., ☎858-8006)* vise à faire connaître et à préserver le riche patrimoine artistique cubain en exposant différentes œuvres d'artistes locaux.

El Credito Cigar Factory ★ *(1106 SW. Calle Ocho, ☎858-4162)*, une institution cubaine qui vit le jour en 1907 à La Havane, s'installa à son emplacement actuel vers la fin des années soixante. Cette pittoresque fabrique de cigares cubains à l'arôme distingué permet aux curieux d'observer des employés cubains perpétuer leur savoir-faire ancestral en roulant les cigares à la main comme cela s'est toujours fait à Cuba. Ensuite, libre à vous, évidemment, de pousser la porte du magasin et de sortir votre porte-feuille si vous êtes amateur de cigares cubains *made in Miami*.

Avez-vous visité notre site web?
www.ulysse.ca

ATTRAITS
TOURISTIQUES

José Martí

José Martí est né à Cuba le 28 janvier 1853. Il fut contraint de s'exiler très jeune, âgé d'à peine 16 ans, en raison de ses idées politiques qui dérangeaient l'ordre établi que les colons espagnols faisaient régner à Cuba au nom du roi d'Espagne. Il tenta un retour au bercail en 1878, mais, sentant le tapis lui glisser sous les pieds encore une fois, il quitta rapidement Cuba pour revenir en Floride. De là, il entreprit un voyage qui le mena en Europe, une autre fois en Amérique du Nord et en Amérique centrale. Durant son odyssée, il lutta pour l'indépendance de son pays à l'aide de sa plume. Parmi ses œuvres littéraires, citons *Versos Libres* (Vers libres), publiée en 1885. Sept années plus tard, en 1892, Martí fonda le Parti révolutionnaire cubain dans le but d'affranchir Cuba du joug espagnol. Il retourna dans sa patrie pour participer à la guerre d'Indépendance en 1895 et c'est là qu'il perdit la vie en héros.

 CIRCUIT E : CORAL GABLES ★★

Contrairement à ce qu'un premier coup d'œil peut laisser croire, le caractère espagnol et européen du très chic quartier de Coral Gables n'est pas un riche héritage du passé de l'ère des conquistadors. Malgré ses noms de rues sinueuses aux consonances espagnoles et ses édifices à l'architecture coloniale, Coral Gables est l'aboutissement du rêve d'une autre personne qui eut le courage de croire en sa vision, George Merrick. Avocat de profession, Merrick s'entoura de nombreuses personnes influentes et douées pour l'architecture et l'urbanisation afin de construire une ville opulente conçue d'après un modèle européen. Parmi ses plus belles réalisations, citons le superbe Biltmore Hotel et la splendide Venetian Pool. Sachez toutefois que les noms des rues sont inscrits sur de petites pierres blanches nichées à même le sol, ce qui rend l'orientation déroutante.

Vous l'avez deviné, la **Coral Gables Merrick House** ★ *(2$; mardim 12h à16 h; 907 Coral Way, ☎460-5361)* est l'ancienne

E Coral Gables

0   500   1000m

● ATTRAITS

1. Coral Gables Merrick House
2. Biltmore Hotel
3. Venetian Pool
4. Lowe Art Museum
5. Coral Gables City Hall

◻ HÉBERGEMENT

1. Biltmore Hotel / La Palme d'Or (R)
2. Hotel Place St Michel (R)
3. Hyatt
4. Omni Colonade Hotel / Doc
   Hammer Bar & Grill (R)

(R) : Restaurant

◇ RESTAURANTS

1. Caffe Abbracci
2. Caffe Baci
3. Dabbar

© ULYSSE

demeure de George Merrick. Construite entre 1899 et 1906, puis partiellement rénovée vers 1920, elle abrite aujourd'hui des meubles, des tableaux et des effets personnels ayant appartenu à plusieurs membres de cette illustre famille.

Fleuron de l'industrie hôtelière du chic quartier de Coral Gables et à la fois chef-d'œuvre architectural, le **Biltmore Hotel** ★★★ *(1200 Anastasia Ave.*, ☎*445-8066)* voit le jour en 1926 grâce à la vision de George Merrick et aux plans de la firme d'architectes Schultze and Weaver. De l'extérieur, son imposante façade et son splendide clocher haut de 100 m, modelé sur celui de la Giralda, cette fameuse cathédrale qui fait l'orgueil de Séville, ne peuvent faire autrement que d'impressionner le visiteur. Son immense piscine – qui serait la plus grande des États-Unis – contient 600 000 gallons d'eau et s'étale sur 22 000 pieds carrés, soit plus de 2 000 m², et capte également l'attention du visiteur. Entouré de terrains de golf, ce fastueux hôtel deviendra rapidement après son inauguration le lieu de rencontre des têtes couronnées et des personnalités bien en vue de la haute société avec, entre autres, Bing Crosby et Al Capone, qui figurent en tête de liste des pensionnaires les plus célèbres ayant fréquenté cet illustre établissement. Hélas, trois ans à peine après son ouverture, le krach boursier suivi de la «Grande Dépression» freina peu à peu son essor. Puis en 1942, le Biltmore cesse complètement ses activités purement hôtelières pour devenir un hôpital militaire, rôle qu'il maintiendra jusqu'à la fin des années soixante et qui lui vaudra en 1972 d'être déclaré site historique. Après d'importants travaux de rénovation, cet hôtel de grande classe rouvre enfin ses portes en 1992 (voir p 155).

De simple carrière de coraux en 1923, la **Venetian Pool** ★★★ *(5$; mar-ven 11h à 17h, sam-dim 10h à 16h30; 2701 De Soto Blvd*, ☎*460-5356)* fut façonnée, sculptée et merveilleusement bien transformée en une attirante piscine aux eaux cristallines se situant dans un lieu distingué aux caractéristiques proprement européennes qui correspondaient bien à celles que George Merrick voulait adopter pour développer le quartier de Coral Gables. Ce cadre séraphique fut rendu possible grâce aux idées combinées de Merrick, de l'artiste Denman Fink et de l'architecte Phineas Paist. Avec ses cascades, ses terrasses et ses arches de calcaire méditerranéen ainsi que ses ponts enjambant la piscine, c'est dans ce cadre choisi que se tenaient souvent des concours de beauté et des rencontres mondaines

Biltmore Hotel

ATTRAITS TOURISTIQUES

où il faisait bon boire dans des verres élancés en s'échangeant des sourires et des poignées de main, le plus souvent au milieu de cameramen de toute obédience. La piscine est aujourd'hui ouverte au public, mais on peut s'y rendre simplement pour apprécier le décor de ses yeux. Il n'est pas rare que des séances de photo de mode y aient lieu. Bien sûr, la baignade est permise moyennant quelques dollars.

Miracle Mile est un nom auquel il ne faut prêter aucune connotation miraculeuse particulière. Il s'agit d'un tronçon de rue de Coral Way limité par Le Jeune Road et Douglas Road qui fait un mille de long (1,6 km) aller-retour. C'est là que sont regroupés de nombreux commerces qui s'adressent presque exclusivement à une clientèle de futurs mariés. On y trouve en effet tout ce qu'il faut pour convoler en justes noces : du jonc aux fleurs colorées en passant par la robe extravagante de madame ou le complet de coupe sobre mais soignée de monsieur. En poursuivant plus loin votre balade, profitez-en pour admirer au passage la superbe rotonde en marbre adjacente à l'Omni Colonade Hotel (voir p 154).

Situé sur le campus de l'université de Miami, le **Lowe Art Museum** ★ *(5$; mar-mer et sam 10h à 19h, jeu 12h à 19h, dim 12h à 17h; 1301 Stanford Drive, ☎284-3535)* abrite de jolis tableaux de style baroque et de la Renaissance italienne ainsi que des peintures de Roy Lichtenstein et des sculptures polychromes de l'artiste Duane Hanson. Ces dernières sont des œuvres grandeur nature d'un réalisme saisissant.

Si vos enfants ronchonnent un peu trop, allez les divertir tout en les instruisant au **Miami's Youth Museum** *(4$; Miracle Center, 3301 Coral Way, Level U, ☎446-4386)*. S'y trouvent plusieurs jeux interactifs qui informent les petits sur des sujets historiques, sociaux ou scientifiques.

Érigé en 1928, le **Coral Gables City Hall** *(lun-ven 9h à 17h; 405 Biltmore Way)* mérite un détour pour admirer sa façade semi-circulaire d'architecture néoclassique.

CIRCUIT F : COCONUT GROVE ★

Coconut Grove existait bien avant que Miami ne défraye les chroniques de la mode. Au début du XIXe siècle, de simple petit bourg peuplé de Bahamiens, de chasseurs d'épaves et de marins en herbe sillonnent les eaux à la recherche de trésors oubliés, Coconut Grove est rapidement devenu populaire, 100 ans plus tard, auprès des écrivains griffonnant des idées dans leur calepin, des artistes rêveurs et des intellectuels distraits. Au cours des années soixante et soixante-dix, ceux-ci furent remplacés par des gens aux allures plutôt bohèmes vivant l'ère du *flower power*, pour finalement faire place en cette fin de siècle à des *yuppies* et à des gens riches et célèbres comme Madonna qui habitent désormais ce quartier. Aujourd'hui, Coconut Grove, également appelé The Grove, ressemble un peu à une sorte de Greenwich Village du Sud avec ses rues où les piétons déambulent sans craindre l'automobile, ses cafés extérieurs et ses boutiques hétéroclites aux objets insolites. Certaines rues sont même illuminées par des lampadaires à gaz. Au cœur de Coconut Grove se trouvent deux complexes commerciaux rivalisant pour le titre de prototype du centre commercial du futur : Coco Walk et The Streets of Mayfair attirent une foule de curieux qui viennent dépenser leurs billets verts ou faire du lèche-vitrine.

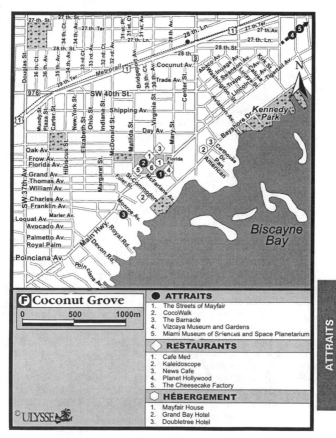

ATTRAITS
TOURISTIQUES

On dit que l'endroit sur lequel fut construit **CocoWalk** *(3015 Grand Ave.)* existe depuis les débuts de Coconut Grove. Ayant bénéficié d'un *facelift* il y a huit ans, il s'apparente aujourd'hui à une grande villa espagnole articulée autour d'une cour intérieure éclairée par des lampadaires de style victorien, laquelle cour constitue la continuité naturelle de Grand Avenue et offre un espace à l'air libre permettant aux clients d'entrer en symbiose avec le climat subtropical floridien tout en donnant accès aux trois niveaux des terrasses. Chaque niveau possède ses propres boutiques, bars, cafés et restaurants (dont quelques-uns avec terrasse donnant sur Grand Avenue et permettant de communiquer à distance avec l'activité du Grove). On retrouve en tout près de 40 magasins et boutiques, des cafés, des restaurants aussi divers que le *fast-food* Hooters, le Dan Marino Bar et le Cafe Tu Tu Tango, sans oublier un cinéplex comptant 16 salles. La cour intérieure sert aussi d'amplificateur naturel à de nombreux musiciens dont les airs de jazz, de flamenco, de *world beat* et de *rock & blues* parviennent à donner à CocoWalk l'allure d'une oasis où le visiteur peut se nourrir, boire et se divertir avant de continuer sa route.

The Streets of Mayfair *(2911 Grand Ave.)* sont situées tout juste à côté de Coco Walk. Originalement construit en 1977-1978 sous l'appellation de Mayfair Mall, ce centre commercial est constitué de boutiques exclusives donnant sur une terrasse centrale recouverte. L'ensemble fut rénové en 1995 au coût de 10 millions pour le transformer en un complexe plein air plus propice à l'activité piétonnière. Le complexe est composé de quatre bâtiments principaux bordés par Grand Avenue au sud, Virginia Street à l'ouest, Oak Street au nord et Mary Street à l'est. Peut être pour éviter qu'on ne le confonde avec son voisin CocoWalk, les architectes semblent avoir jugé bon de recouvrir les quatre bâtiments d'un fini conférant à l'ensemble des airs de la «cité de *La planète des singes*». Les Streets of Mayfair partagent les mêmes aspirations que leur voisin CocoWalk, celui de plaire à la plus vaste gamme de consommateurs possible en offrant une diversité de services. On y retrouve le même mélange de boutiques, bars et restos, ainsi qu'un cinéplex de 10 salles. Nous sommes ici en présence d'une oasis où il fait aussi bon vivre, le complexe logeant aussi des condos, l'hôtel Mayfair House, le Groove Fitness Club, la librairie Borders ainsi que l'Improv Comedy Club.

La pose de la première pierre pour la fondation d'une des plus vieilles demeures du Dade County, **The Barnacle** ★ *(1,50$; ven-dim 9h à 17h; 3485 Main Hwy., ☎448-9445)*, eut lieu en 1821, mais les travaux de construction ne furent achevés qu'aux alentours de 1928. La maison appartenait jadis à l'un des pionniers de Coconut Grove, Ralph Middleton Munroe. L'histoire raconte que ce New-Yorkais d'origine, séduit par la beauté du site et la douceur de son climat, y émigra vers la fin du XIXe siècle avec l'intention d'y faire construire une maison. Architecte de son état, il fut un amant de la nature qui vivait,

Vizcaya Museum

entre autres choses, du pillage d'épaves de navires échoués le long de la côte. La maison abrite toujours de vieux meubles et des photos ayant appartenu à son ancien propriétaire.

Au début du XXe siècle, un dénommé James Deering décida de se faire construire une résidence sous le lumineux soleil de la Floride bordant Biscayne Bay alors qu'il approchait rapidement de la soixantaine. En 1916, après qu'il eut pris le temps de dénicher soigneusement aux quatre coins du monde les éléments décoratifs et les matériaux de qualité nécessaires à l'érection d'un palace qui lui conviendrait parfaitement, une splendide et opulente villa aux traits architecturaux italiens, aujourd'hui le **Vizcaya Museum and Gardens** ★★★ *(5$; tlj 9h30 à 17h; 3251 S. Miami Ave., ☎250-9133)*, vit le jour et brille encore de tous ses feux. Malheureusement pour Deering, son état de santé se détériora rapidement, et il expira en 1925, un an avant qu'un terrible ouragan ne s'abatte sur la région causant de sévères dommages à son orgueilleuse propriété. Incapables d'entretenir convenablement la demeure, ses héritiers furent contraints de la vendre en 1952 au Dade County. De nos jours, la villa Vizcaya est transformée en musée où les visiteurs peuvent admirer non seulement quelque 35 pièces garnies d'antiquités de qualité et de tapis somptueux et décorées de tableaux classiques et de miroirs resplendissants, mais encore de superbes jardins luxuriants méticuleusement entretenus qui s'étendent sur 4 ha tout autour de ce magnifique domaine d'allure véritablement princière.

Gardien d'un riche patrimoine scientifique, le **Miami Museum of Science and Space Transit Planetarium** ★★ *(5$; tlj 10h à 18h; 3280 S. Miami Ave., ☎854-4247)* nous fait découvrir l'univers fascinant du monde de la science et de son histoire grâce à une technologie multimédia très élaborée.

 CIRCUIT G : KEY BISCAYNE ★

On rejoint Key Biscayne par la chaussée Rickenbacker *(1$ par voiture)* qui enjambe Biscayne Bay. Certains d'entre vous en profiteront peut-être pour faire une halte au musée océanographique du Miami Seaquarium. Au sud de l'île, englobée dans la Bill Baggs Cape Florida State Recreational Area, se trouve le Cape Florida Lighthouse. Key Biscayne est calme et retirée, mais on a besoin d'un véhicule personnel pour s'y rendre et s'y déplacer commodément. On y trouve des terrains de golf, des plages de sable blanc et des marinas. Au cours du mois de mars, Key Biscayne s'anime pour recevoir le tournoi de tennis du **Lipton's International Players Championship**.

Le **Miami Seaquarium** ★★★ *(12$; tlj 9h30 à 17h30; 4400 Rickenbacker Causeway, ☎361-5705)* abrite plus de 10 000 créatures issues du monde fascinant du silence et les fait connaître au public grâce à différents bassins où certaines espèces tiennent la vedette. Des spectacles accompagnés d'explications au sujet des différentes espèces mises en scène ont lieu toute la journée. Citons le spectacle donné par les sympathiques dauphins qui font irrésistiblement rire petits et grands, celui des énormes mais inoffensifs lamantins, celui des inquiétants requins ou *squales* et enfin celui des imposantes baleines ou autres cétacés. Quelques restaurants se trouvent sur le site pour calmer une fringale.

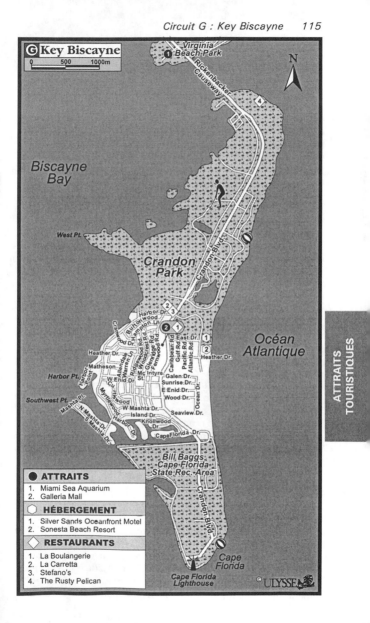

G Key Biscayne

0 500 1000m

N

Virginia Beach Park ❶

Rickenbacker Causeway

Biscayne Bay

West Pt.

Crandon Park

Crandon Blvd.

Harbor Dr.
Buttonwood
Ridgewood Rd.
Hampton Ln.
Goodcrest Rd.
Fernwood Rd.
Cranwood Dr.
Heather Dr.
Matheson
Allendale
Warren
McIntyre St.
Oakwood
❷ ❶
❶
❷ Heather Dr.
Caribbean Rd.
Gulf Rd.
East Dr.
Pacific Rd.
Atlantic Rd.
Galen Dr.
Sunrise Dr.
E Enid Dr.
Wood Dr.
Ocean Dr.
Seaview Dr.
W. Enid Dr.

Océan Atlantique

Harbor Pt.
Harbor Point
Mashta Dr.
Myrtlewood
Harbor Dr.
Southwest Pt.
N. Mashta Dr.
N. Mashta Dr.
Mashta Dr.
W. Mashta Dr.
Island Dr.
Knollwood Dr.
CapeFlorida Dr.

Bill Baggs Cape Florida State Rec. Area

Crandon Blvd.

Cape Florida
Cape Florida Lighthouse

© ULYSSE

● **ATTRAITS**
1. Miami Sea Aquarium
2. Galleria Mall

◯ **HÉBERGEMENT**
1. Silver Sands Oceanfront Motel
2. Sonesta Beach Resort

◇ **RESTAURANTS**
1. La Boulangerie
2. La Carretta
3. Stefano's
4. The Rusty Pelican

ATTRAITS TOURISTIQUES

La **Bill Baggs Cape Florida State Recreation Area ★** *(3$ par voiture; 1200 S. Crandon Blvd, ☎361-5811)* est située au sud de Key Biscayne et porte ce nom en l'honneur de l'ancien rédacteur en chef du défunt journal *The Miami News* qui déploya bien des efforts de son vivant pour préserver cette aire naturelle reconnue pour faire partie du patrimoine écologique américain. La superficie de ce parc couvre environ 363 ha où le visiteur dispose d'aires de pique-nique, de sentiers pédestres et de plages offrant aux touristes et aux résidants la détente et le soleil qu'ils recherchent. L'attrait principal est cependant le **Cape Florida Lighthouse ★**, qui fut d'abord érigé en 1825 pour éviter que les bateaux qui croisaient le long des côtes ne fassent naufrage et ne viennent s'y échouer. Onze ans plus tard, en 1836, au cours de la deuxième guerre séminole, le phare fut saccagé et finalement incendié. En 1845, il fut cependant reconstruit, et c'est ainsi qu'aujourd'hui on peut encore admirer sa silhouette gracile s'élever à nouveau au-dessus de la ligne d'horizon.

Pour oublier pendant quelque temps le tumulte de la ville, rendez-vous au **Biscayne National Park ★★** *(20$; 9700 SW. 328th St., Homestead, ☎230-1100)*, un parc aquatique particulier dont près de 95% de la superficie se trouve sous l'eau. Au sud de Biscayne Bay, des bateaux au plancher vitré sillonnent les eaux du parc, ce qui permet d'admirer une multitude de poissons colorés, des lamantins aux allures préhistoriques, des tortues marines et des coraux de forme et de taille très diversifiées. Si vous disposez encore d'un peu de temps, la meilleure façon de découvrir le merveilleux monde sous-marin est de vous munir de palmes, d'un masque et d'un tuba, et de folâtrer librement dans l'onde claire où vivent et se reproduisent ces mille et une créatures si étranges mais si belles.

 CIRCUIT H : AU SUD DE MIAMI ★

Ouvert depuis 1981, le **Miami Metrozoo ★★★** *(8$; tlj 9h à 17h; 12400 SW. 152nd St., ☎251-0400)* a rapidement acquis assez de renom pour figurer aujourd'hui sur la liste des zoos les plus importants des États-Unis. S'étendant sur une superficie de 117 ha, il abrite près de 1 000 animaux capables de se mouvoir facilement à l'air libre dans un milieu tropical où l'on a tenté de recréer le plus fidèlement possible un environnement naturel qui permet à chaque espèce d'évoluer sur une parcelle de terre individualisée séparée des autres par des fossés. Un train sur rails surélevés effectue un circuit panoramique en forme de boucle autour du zoo en un peu moins de 30 min, mais s'arrête à des endroits précis pour que les visiteurs puissent débarquer et s'attarder à observer plus longuement les animaux exotiques qui y vivent en semi-liberté. Parmi les vedettes du zoo, mentionnons le fascinant tigre du Bengale qui circule autour de la réplique d'une petite partie du splendide temple d'Angkor du Cambodge, les somnolants mais charmants koalas d'Australie qui nichent dans les branches d'une mini-forêt d'eucalyptus, les sympathiques éléphants, les girafes aux membres filiformes et bien d'autres créatures animales qui enchanteront petits et grands. De plus, des spectacles d'animaux domptés, comme au cirque, y ont lieu régulièrement. On vous suggère vivement de vous y rendre très tôt le matin, car les rayons du soleil sont si intenses en milieu de journée qu'ils peuvent rendre la visite épuisante et désagréable.

Sur une superficie de 83 acres (33 ha), le **Fairchild Tropical Garden** ★★ *(8$; tlj, 9h30 à 16h30; 10901 Old Cutler Road, angle SW. 101st St., ☎667-1651)* a aménagé pour vous des sentiers qui serpentent au milieu d'une multitude de végétaux de toutes sortes constitués de palmiers, de fougères et de nombreuses sous-espèces tropicales, certaines étant d'ailleurs menacées d'extinction, qu'on a plantés çà et là tout autour de plusieurs lacs artificiels. Grâce aux nombreuses espèces de plantes qu'il recèle et cultive, le Fairchild Tropical Garden compte parmi les plus grands jardins botaniques des États-Unis. La très grande variété d'espèces végétales tropicales qui s'y trouve plaira à tout visiteur curieux d'horticulture. Ce magnifique jardin botanique abrite encore un centre de recherche voué à la conservation des plantes et un petit café qui laisse aux visiteurs le loisir de souffler un peu avant de poursuivre plus avant une visite qui s'avère souvent captivante mais aussi fatigante. Évidemment, vous êtes dans un environnement tropical, ce qui signifie qu'il fait souvent très chaud durant l'après-midi. Si vous prévoyez visiter ce vaste jardin botanique, encore une fois levez-vous tôt.

Le **Week Air Museum** ★ *(6$; tlj 10h à 17h; 14710 SW. 128th St., ☎233-5197)* se trouve près du Tamiami Airport et expose de superbes avions ayant participé à la Deuxième Guerre mondiale. Le musée s'est également fixé la mission de restaurer ces vieilles machines volantes afin qu'elles puissent voler encore longtemps au-dessus des nuages. Le musée fut durement endommagé par l'ouragan Andrew en 1992, mais semble, après quelques années, s'être bien relevé de cette terrible catastrophe naturelle.

La **Monkey Jungle** ★ *(5$; tlj 9h à 17h; 14805 SW. 216th St. ou Hainlin Mill Road, 5 km à l'ouest de la US1/South Dixie Hwy., ☎235-1611)* reçoit les visiteurs qui veulent marcher dans des chemins grillagés tout en observant de nombreuses espèces de primates, surtout des singes, en train de s'élancer de branche en branche, de grimacer ou de pousser des cris stridents au milieu des 12 ha de végétation luxuriante que compte ce beau parc animalier. L'endroit plaira sûrement aux petits.

Ouvert depuis plus de 60 ans, la **Parrot Jungle and Gardens** ★ *(5$; tlj 9h à 17h; 11000 SW. 57th Ave., ☎666-7834, www.parrotjungle.com)* abrite des légions d'oiseaux colorés dans un environnement luxuriant qui s'étend sur 5 ha. L'endroit est idéal pour passer la journée avec des enfants, qui ne manqueront pas de s'émerveiller devant tant de créatures ailées dont le plumage se couvre d'une infinité de coloris.

Le **Preston B. and Mary Heinlein Fruit and Spice Park** ★ *(24801 SW. 187th Ave., Homestead, ☎247-5727)* se consacre à préserver et à faire connaître sur 8 ha de culture les nombreux fruits tropicaux et les différentes épices qui existent sur la planète. Des sentiers aménagés permettent de vous offrir les plaisirs de la découverte tout en régalant vos narines. La meilleure période pour visiter ces merveilles de la nature va de mai à octobre.

Mélange d'étrangeté, de passion et de beauté minérale, le **Coral Castle** ★★★ *(4$; tlj 9h à 18h; 28655 Dixie Hwy., Homestead, ☎248-6344)* est l'histoire de l'obstination et de la volonté déconcertante d'un seul homme, Edward Leedskalin, à vouloir triompher d'un destin qui se rebellait contre lui. Souvent surnommé le Stonehenge de l'Amérique, ce lieu historique national demeure une énigme aux yeux des historiens comme du grand public et continue d'étonner autant le simple touriste que l'homme de science. Épris éperdument d'une jeune femme qui lui refusait son amour, ce Letton, de très petite stature (il mesurait, dit-on, 5 pieds ou 1,52 mètre et pesait à peine 100 livres, soit guère plus de 45 kilos), consacra 28 ans de sa vie à déplacer, façonner et sculpter inlassablement d'énormes coraux sans aucune aide mécanique ou humaine. Il vivait un peu trop dans son monde, disaient les curieux; il n'empêche qu'aujourd'hui le résultat de ce travail opiniâtre autant que colossal est tout simplement prodigieux. Parmi quelques-unes de ses réalisations fantastiques, mentionnons le télescope et le croissant de lune.

 CIRCUIT I : AU NORD DE MIAMI ★

Peu de visiteurs passent devant la façade de l'**American Police Hall of Fame and Museum** ★★ *(4$; tlj 10h à 17h; 3801 Biscayne Blvd, ☎573-0070)* sans jeter un œil perplexe sur l'automobile fixée au mur. Situé au nord du centre-ville, ce musée insolite consacré aux forces de l'ordre nous éclaire sur l'histoire policière à diverses époques de façon percutante et non dénuée d'un certain sensationnalisme. Les visiteurs qui veulent se donner le frisson peuvent s'asseoir sur la chaise électrique démodée, mais ô combien efficace, ou jeter un coup d'œil rapide et horrifié sur la guillotine ou à l'intérieur de la chambre à gaz. On y trouve même la voiture de police pilotée par Harrison Ford dans le film culte *Blade Runner* ainsi qu'une chambre qui reconstitue la scène d'un crime où l'on aperçoit la silhouette d'une victime tracée sur le plancher. Bien d'autres objets insolites sont montrés dans ce musée qui saura, n'en doutons pas, satisfaire la curiosité plus ou moins morbide des amateurs de polars à l'humour grinçant. Sur un des murs de l'édifice, sont inscrits les noms d'environ 4 000 policiers américains morts en service.

Le **Spanish Monastery** ★★★ *(5$; tlj 10h à 17h; 16711 W. Dixie Highway, angle NE. 167th St., North Miami Beach)* est l'édifice le plus ancien situé à l'ouest de l'Atlantique, mais il fut d'abord érigé en Espagne vers 1141. Ce magnifique cloître espagnol médiéval fut acheté au début du XXᵉ siècle par un riche excentrique qui le fit minutieusement démonter, morceau par morceau, après avoir identifié soigneusement chacune des pièces et les avoir rangées précieusement dans des boîtes qui furent acheminées aux États-Unis en 1925 et entreposées durant 20 ans, avant qu'il ne soit enfin reconstruit à son emplacement actuel. De splendides jardins entourent le cloître et lui confèrent un cadre séraphique.

Opa-Locka

La ville d'Opa-Locka est située au nord-ouest de Miami et se signale par sa **mairie** ★ *(Opa-Locka, angle Sharasad)*, qui semble sortir tout droit d'un conte des *Mille et Une Nuits* en raison des dômes et des tours mauresques. Même les rues qui l'entourent portent des noms aux consonances arabes. Malgré tout le charme que dégage la mairie, sachez que la ville a mauvaise réputation et qu'il ne s'agit pas de l'endroit idéal pour s'afficher comme touriste.

Dania

Une visite de la ville de Dania permet d'assister au *fastest game on earth*, c'est-à-dire à une partie de pelote basque *(jai alai)* au **Dania Jai Alai** *(301 E. Dania Blvd, ☎954-920-1511)*. Sa plage attire de nombreux amateurs de soleil, tandis que la John U. Lloyd State Recreation Area reçoit aussi les amants de la nature.

Hollywood ★

La ville de Hollywood, en Floride, est située à près de 10 km au sud de Fort Lauderdale. Non, Hollywood n'est pas le pendant côtier est-américain de la délurée localité ouest-américaine du même nom, célèbre quartier de Los Angeles devenue «La Mecque» du cinéma américain. On pourrait toutefois dire qu'elle ressemble davantage à une enclave québécoise greffée sur la côte est de la Floride. En effet, préférant s'envoler pour le *Sunshine State* que d'affronter les rigueurs des durs et longs hivers québécois, plusieurs *snowbirds*, originaires ou résidants du Québec, louent des condominiums ou possèdent des résidences secondaires près de la mer. Ici, la plage est plus calme et plus propre qu'à South Beach. Les nouveaux résidants sont également plus âgés et certains sont même parvenus à l'âge de la retraite. L'infrastructure hôtelière est surtout

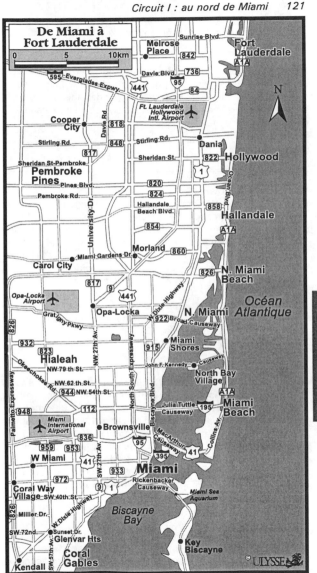

ATTRAITS
TOURISTIQUES

composée de petits établissements qui se dressent à deux pas de la plage.

L'activité est centrée sur le ***Broadwalk***, une artère d'un peu plus de deux miles (3 km) de long qui est bordée de commerces de tout acabit et sillonnée tranquillement par des adeptes du patin à roues alignées, des coureurs ainsi que par des résidants et des touristes.

Fort Lauderdale ★

Ville-centre du Broward County, la ville de Fort Lauderdale doit son nom au major William Lauderdale, qui y érigea un fort pour défendre les troupes lors de la guerre séminole. Vers la fin du XIXe siècle, Fort Lauderdale n'était qu'un simple poste de traite ignoré de bien des gens. L'arrivée du train à Fort Lauderdale en 1896 contribua au développement la ville, mais il fallut attendre, quelques années plus tard, qu'on décide de changer le visage de la ville en creusant plusieurs canaux navigables de bonne longueur et qu'on érige des commerces et des demeures. Il n'en fallut pas plus pour que Fort Lauderdale commence vraiment à se développer. On donne parfois à la ville le nom de «Venise de l'Amérique» : quelque 450 km de canaux la parcourent...

Si vous êtes né dans les années cinquante, les mœurs de jeunes étudiants fringants, frivoles et intoxiqués par l'alcool, telles que dépeintes dans le film *Where the boys are,* qui fut tourné à Fort Lauderdale, vous donnent peut-être une image un tant soit peu négative de cette localité et raviveront de lointains souvenirs de jeunesse vécus à une époque révolue et déformés aujourd'hui en les revoyant à travers le prisme de votre imaginaire. En effet, durant cette décade, Fort Lauderdale fut un lieu de rencontre populaire auprès des amateurs de soleil qui n'avaient tout simplement pas les moyens de fréquenter les stations balnéaires plus chics de Palm Beach ou de Miami Beach.

Aujourd'hui, chaque année, la ville bat son plein durant la première semaine de novembre, alors qu'elle accueille le *Boat Show* (Salon nautique). Ceux et celles qui préfèrent échapper à l'activité de la plage peuvent déambuler tranquillement le long

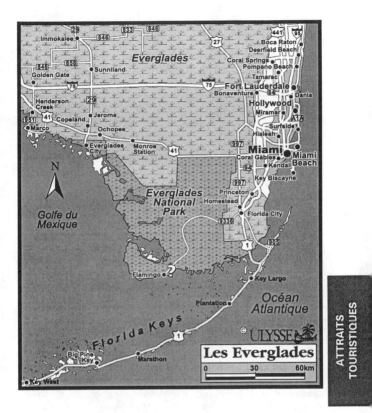

ATTRAITS
TOURISTIQUES

de **Las Olas Boulevard ★**, bordé de plusieurs boutiques, cafés-terrasses et restaurants.

Au sud de Sunrise Boulevard, la **Bonnet House ★** *(7$; mer-ven 10h à 13h, sam-dim 13h à 14h; 900 North Birch Road, ☎954-563-5393)* se dresse tout près de la plage au milieu d'un terrain de 35 acres (14 ha) couvert de végétation tropicale. Construite à partir de coraux et de pins, cette vieille demeure, ornée de jolis balcons en fer forgé, était autrefois la demeure du couple d'artistes Frederick et Evelyn Bartlett.

Érigée au tout début du XXe siècle, **The Stranahan House** ★
(5$; 335 SE. 6th Ave., ☎954-524-4736) appartenait jadis à
Frank Stranatan, l'un des premiers citoyens de la ville, qui
l'utilisait comme poste de traite. Elle a été rénovée vers le
milieu des années quatre-vingt pour être transformée en musée
historique. Les antiquités et les boiseries finement ouvragées
qu'on peut voir en visitant l'intérieur de ce bel édifice ancien
reconstituent admirablement bien le cadre de vie d'une époque
révolue.

Le **Fort Lauderdale Museum of Art** ★★ *(5$; mar-dim 10h à
17h; 1 E. Las Olas Blvd, ☎954-525-5500)* présente une
impressionnante collection de tableaux appartenant au mouvement CoBrA, originaire de Copenhague, Bruxelles et Amsterdam, qui s'est manifesté au milieu du XXe siècle. S'y trouvent
aussi des œuvres de Picasso, des canevas étranges de Dalí et
même quelques peintures contemporaines d'Andy Warhol.

 CIRCUIT J : LES EVERGLADES ★★★

Pour beaucoup de gens, les Everglades ne sont qu'un enchevê-
trement inextricable de rivières boueuses, de cours d'eau
fétides infestés de moustiques voraces et de créatures bizarres
qui folâtrent dans le dédale d'un des derniers fragments restés
à l'état sauvage des vastes forêts tropicales situées au nord du
tropique du Cancer. Fermant la péninsule floridienne au sud, les
Everglades couvraient il y a bien longtemps une superficie d'à
peu près **5 000 km²**. Durant la colonisation espagnole, des
Séminoles et d'autres tribus amérindiennes vinrent s'installer
dans ces forêts sauvages pour échapper à la vindicte des
colonisateurs qui n'osaient s'aventurer dans ce lieu sauvage
nimbé de mystère à la poursuite des autochtones qui y avaient
trouvé refuge.

Au cours du XIXe siècle, les Everglades furent asséchées afin
de permettre l'extension de l'agriculture et le développement du
monde moderne. Comme toujours, la colonisation causa des
dommages hélas irrémédiables à cet environnement naturel,
puisque, en effet, des hôpitaux, des écoles, des centres
commerciaux et même des golfs furent construits sur ces
vastes terrains conquis sur la forêt. Ce n'est qu'en 1947 que
les Everglades furent déclarées parc national mais, à cette

Hydroglisseur

époque, la superficie couverte par la forêt tropicale s'était terriblement réduite, et il n'en restait plus guère qu'environ 606 000 ha.

Décrit comme un immense fleuve d'herbe coulant de l'intérieur des terres vers la mer, les Everglades forment un sanctuaire naturel ponctué de mangroves et de *hammocks* donnant refuge à de nombreuses espèces animales et végétales dont certaines sont menacées de disparition, comme la panthère de Floride et le lamantin.

Mieux vaut vous lever très tôt si vous souhaitez voir la faune qui vit dans le parc. Dans les brumes du matin qui s'effilochent lentement, vous aurez peut-être la chance de voir glisser silencieusement sur l'eau des alligators ou de surprendre l'envolée acrobatique de quelques-unes des 300 espèces d'oiseaux aquatiques qui nichent dans ces marais. Sachez toutefois que les animaux de grande taille se donnent rarement en spectacle, car ils préfèrent fuir à la moindre alerte. De plus, durant l'après-midi, le soleil est tout simplement brûlant et rend la visite tout à fait insupportable. Pour apprécier une visite dans le mystérieux monde des Everglades, il faut prévoir s'enfoncer plus profondément à l'intérieur du parc. Finalement, les créatures les plus voraces du parc ne sont pas nécessairement les alligators ou les serpents venimeux, mais les insectes de tout acabit qui vous rendront sûrement fou si vous n'appliquez pas d'insectifuge sur vos parties découvertes.

L'entrée principale qui mène au **Main Visitor Center** du parc se trouve au sud-ouest de la ville de Homestead, à seulement quelques heures de Miami; le centre d'accueil des visiteurs offre

ATTRAITS TOURISTIQUES

plusieurs brochures informatives sur le parc. De plus, on y diffuse un film éducatif sur les Everglades.

Le **Miccosukee Indian Village** est une petite bourgade peuplée de descendants de Séminoles et d'autres tribus qui se réfugièrent dans les Everglades durant la colonisation. Bien qu'ils y vivent depuis des lustres, il leur a fallu attendre jusqu'en 1962 pour que l'État américain leur accorde le statut officiel de tribu. Ne vous attendez pas à quelque spectacle très pittoresque. Certes, quelques-uns d'entre eux affichent toujours des motifs d'une époque oubliée, mais la plupart ont compris que, pour survivre, ils doivent savoir comment le système capitaliste fonctionne.

Ochopee est un petit village effacé que vous croiserez rapidement si vous n'êtes pas attentif. Il se targue d'avoir le plus petit bureau de poste des États-Unis, et il a sans doute raison.

L'**Everglades Alligator Farm** *(13$; 40351 SW. 192 Ave., Homestead, ☎247-2628 ou 800-644-9711, ≈248-9711, gatorfarmr@aol.com)* est une ferme où l'on fait l'élevage d'alligators et de serpents. Des spectacles sont souvent présentés.

Sauvons les Everglades!

Sauvons les Everglades! Cette phrase répétée à maintes reprises et avec obstination n'est pourtant pas vide de sens. La survie de la faune et de la flore des Everglades est directement liée au cycle naturel des eaux. Depuis l'empiétement du monde moderne, ses frontières furent considérablement réduites et ce qui en restait fut horriblement lacéré par des routes qui mènent à des terrains convertis en champs labourés. Par conséquent, des canaux furent creusés pour drainer les marécages et alimenter en eau les régions cultivées. Afin de pouvoir survivre, beaucoup d'animaux ont adapté leur rythme de vie à la saison sèche et à la saison des pluies. À titre d'exemple, les alligators construisent leur nid lorsque l'eau atteint son niveau le plus élevé. Si, pour les besoins agricoles, on déverse plus d'eau dans le parc, les nids et les œufs seront détruits. Un autre problème alarmant est l'utilisation d'engrais chimiques et de pesticides qui se déversent ensuite dans les eaux du parc. Des substances chimiques comme le phosphate, le nitrate ou même le mercure se retrouvent alors dans l'alimentation des animaux et bouleversent ainsi la chaîne alimentaire. Des autopsies ont révélé que des dépôts de mercure sont directement liés à la mort de certains animaux.

Quelques règles de base à suivre

Si vous apercevez un alligator, ne vous en approchez pas trop car ces reptiles se déplacent étonnamment vite hors de l'eau. N'oubliez pas que vous êtes à l'intérieur d'un parc national et que les animaux sont en liberté. Il est strictement interdit de nourrir les alligators ou toute autre espèce qui évolue dans le parc.

Quelques spécimens de la faune des Everglades

L'alligator et le crocodile : la région du sud de la Floride constitue le seul endroit au monde où l'on retrouve à la fois l'alligator et le crocodile. Ces deux reptiles amphibiens ont tous deux un regard et des crocs inquiétants. C'est cependant l'une des caractéristiques visibles qui les distingue. Chez les crocodiles en effet, on aperçoit les crocs que portent leurs deux mandibules, inférieure et supérieure, lorsqu'ils ferment la gueule, tandis que, chez les alligators, seuls les crocs que porte la mandibule supérieure apparaissent. Les alligators sont plus gros que les crocodiles et se retrouvent communément dans les lacs, les rivières et les zones marécageuses.

ATTRAITS TOURISTIQUES

Les alligators sont des carnivores qui s'empiffrent d'à peu près n'importe quoi, par exemple des poissons, des tortues, des oiseaux, des insectes, des serpents ainsi que des carcasses d'animaux. Si l'alligator identifie une proie de taille respectable, il plongera doucement dans l'eau, glissera près de sa victime et surgira brusquement la gueule grande ouverte afin de noyer sa victime. Pour les amateurs de statistiques, sachez que le plus grand alligator trouvé en Floride atteignait la taille très respectable d'un peu plus de 5 m.

La panthère de Floride : les probabilités que vous puissiez apercevoir ce félidé au plumage flamboyant et aux yeux perçants sont très, très minces. En effet, il n'en reste seulement qu'une trentaine, peut-être moins. Ces prédateurs peuvent parcourir une distance de près de 200 miles par jour, soit plus de 300 km.

Le lamantin : le moins que l'on puisse dire, c'est que le lamantin a une drôle de mine. Ce mammifère aquatique de l'ordre des siréniens prend des allures de créature préhistorique avec son museau court, sa tête ronde et sa queue ovale en forme de raquette. Malgré tout, le lamantin est un sympathique animal herbivore tout à fait inoffensif, presque aveugle et sans défense, qui vit exclusivement là où il trouve à se nourrir, c'est-à-dire en bordure des côtes ou près des rives des fleuves côtiers des mers chaudes, et qui, de ce fait, constitue une proie facile pour ses prédateurs, les humains. Les lamantins sont malheureusement souvent les victimes d'accidents de bateaux. Ils entrent souvent en collision avec les embarcations et parfois ils se font mutiler par les hélices des bateaux. Il arrive aussi que les lamantins se blessent en se faisant emberlificoter dans les lignes des pêcheurs. Ces blessures ne sont évidemment pas soignées et l'infection s'installe, allant jusqu'à parfois provoquer la mort.

La spatule rose : comme son nom l'indique, cet oiseau au plumage rose possède un long bec en forme de spatule lui permettant de pêcher en eaux peu profondes.

PLEIN AIR

M iami et ses alentours possèdent de multiples endroits pour s'adonner aux activités de plein air. Les plages sont évidemment à l'honneur, mais sachez que, entre autres, les amateurs de golf, de tennis, de marche, de patin à roues alignées et de kayak seront ravis.

 PLAGES

Miami Beach

Voici sans plus tarder une brève description des principales plages de Miami.

Grosso modo, ce n'est pas trop compliqué. Depuis South Beach, plus on se dirige vers le nord de Miami Beach, plus les plages sont tranquilles et, par le fait même, moins achalandées.

Miami Beach est une longue bande de terre sablonneuse reliée à Miami par des *causeways* qui enjambent Biscayne Bay. Les plages de Miami voient déferler sur elles chaque année des milliers de touristes à la recherche de soleil et des bienfaits de la mer. En effet, ces plages ont de quoi satisfaire presque tout

Poste d'observation de South Beach

le monde, mais il n'y aucune ambiguïté qui plane sur «la»plage la plus populaire de Miami, il s'agit de **South Beach**, également appelée SoBe. Certains y voient une relation avec le SoHo de Manhattan. Elle s'étire de 1st Street à 24th Street. Dans la partie plus méridionale de South Beach se trouve le **South Point Park**, où les vagues ne se comparent nullement aux vagues spectaculaires et bouillonnantes d'Australie, mais conviendront aux véliplanchistes pas trop difficiles qui s'y donnent parfois rendez-vous. À la hauteur de 1st Street, se trouve aussi le bar-restaurant Penrod's (voir p 201), où les amateurs de soleil peuvent se désaltérer ou manger une bouchée.

Un peu plus au nord, la plage faisant face à Ocean Drive attire une foule bigarrée qui vient se tremper les orteils, batifoler dans les vagues, s'allonger sur le sable ou tout simplement observer les gens derrière des lunettes fumées. Il n'y a pas de palmiers qui projettent de l'ombre, mais on y loue des chaises longues et des parasols. Même les cabines des sauveteurs arborent des couleurs pastel aux lignes Art déco. De plus, pour ajouter à l'ambiance joyeuse, il n'est pas rare d'y observer des séances de photo ou des tournages de messages publicitaires.

Même s'il y a une grande population gay à South Beach qui se retrouve un peu partout sur les plages de Miami Beach, la plage qui se situe aux alentours de 17th Street est considérée comme «la» **plage gay** de South Beach.

South Beach s'achève au sud de 23rd Street. Au nord de South Beach, l'activité est un peu plus tranquille derrière les multiples condominiums. Puis, à la hauteur de 44th Street, derrière les méga-complexes hôteliers comme The Fontainebleau, The Eden Roc et The Alexander Luxury Suite Hotel, se trouvent des plages moins courues par la noria de touristes de South Beach, mais qui sont surtout fréquentées par les clients de ces établissements hôteliers. Étant donné qu'il n'y a aucune plage privée à Miami, libre à vous de vous y rendre. De plus, entre 20th Street et 50th Street, se trouve un *boardwalk* où les visiteurs peuvent se balader à leur guise.

En poussant toujours plus au nord, entre 72th Street et 95th Street, **Surfside Beach** est une enclave québécoise où des retraités ont élu domicile, en permanence ou en saison.

Haulover Beach est située à la hauteur de 10800 Collins Avenue et se veut particulièrement propre et sans boucan. De plus, dans le même coin, un peu plus au nord, on peut s'y pointer en tenue d'Adam et Ève sans susciter le moindre étonnement. Vous l'avez deviné, il s'agit d'un tronçon de plage réservé au naturisme.

Key Biscayne

Les plages de la **Bill Baggs Cape Florida Recreation Area** et celles de **Crandon Park Beach** plairont aux familles et aux vacanciers. On y trouve des tables de pique-nique, et des terrains de volley y ont été aménagés.

Hollywood

Les plages de Hollywood sont bordées d'innombrables motels qui donnent sur le *broadwalk* pendant près de 3,5 km. Elles sont plutôt tranquilles et sont envahies par de nombreux *snow-birds*, ces Québécois, Canadiens et Étasuniens à la retraite.

PLEIN AIR

Fort Lauderdale

À Fort Lauderdale, la **plage** située entre Sunrise Boulevard et Las Olas Boulevard fut le lieu de tournage du film intitulé *Where the boys are*. Celui-ci brossait un portrait peu reluisant des mœurs d'étudiants en vacances. Cette période est désormais révolue, mais l'endroit demeure populaire auprès des visiteurs.

 ACTIVITÉS DE PLEIN AIR

 Surf

Les vagues qui se brisent sur Miami Beach et sur ses alentours ne sont guère propices pour s'adonner aux plaisirs du surf, mais ceux et celles qui y tiennent vraiment peuvent se diriger vers la partie plus méridionale de South Beach, là où se trouve le **South Point Park**.

 Motomarine

Ce bolide de mer qu'est la motomarine connaît une popularité grandissante. Certes, il peut être amusant de voler à toute vitesse sur les vagues de l'océan, mais il est important de faire preuve de prudence. Portez une attention particulière aux nageurs ainsi qu'aux autres embarcations.

 Kayak

Si vous souhaitez louer un kayak de mer, contactez **Urban Trails Kayak** *(Haulover Park, 10800 Collins Ave., North Miami Beach, ☎947-1302)*.

 Plongée sous-marine

La plongée sous-marine permet de découvrir les fonds marins peuplés de bancs de poissons colorés évoluant dans un milieu étonnant. Que vous soyez un plongeur expérimenté ou un simple amateur en quête d'euphorie, il n'en demeure pas moins qu'il s'agit d'une activité qui exige une certaine préparation et prudence. Il va sans dire que les personnes qui n'ont jamais pratiqué ce sport doivent **absolument** prendre un cours de certification. On vous suggère de vous acheter un appareil photo utilisable dans l'eau pour immortaliser le spectacle. L'un des meilleurs endroits pour s'y adonner est le **Key Biscayne National Park**, dont 95% du territoire se trouve sous l'eau.

South Beach Divers *(850 Washington Ave., Miami Beach,* ☎*531-6110,* ⇒*531-0511, www.southbeachdivers.com)* propose des cours de certification et organise des excursions sous-marines en tout genre.

Sunset Waterports *(4730 Collins Ave., Miami Beach,* ☎*534-9929,* ⇒*540-0285)* et **H2O Scuba** *(160 Sunny Isles Blvd, Sunny Isles Beach,* ☎*956-3483)* sont deux boutiques qui proposent des cours de certification et qui louent l'équipement nécessaire pour pratiquer la plongée sous-marine.

Plongée-tuba

Un masque, des palmes, un tuba, un maillot de bain et un peu de volonté, voilà tout ce qu'il vous faut pour explorer le fascinant monde du silence. Les boutiques nommées ci-dessus louent les accessoires requis.

Patin à roues alignées

Se déplacer sous le soleil en patins à roues alignées entre Ocean Drive et la plage donne l'impression trompeuse mais agréable d'être en Californie. Plusieurs entreprises, entre autres sur Ocean Drive, font la location de l'équipement ainsi que des accessoires pour se protéger (casque, gants, genouillères et protège-coudes).

PLEIN AIR

Pêche en haute mer

Les fonds marins de la côte Atlantique pullulent de poissons de tout acabit et ont acquis une réputation internationale pour la pêche hauturière. De plus, il s'agit d'une agréable occasion de se balader au large et d'apprécier les beautés de la mer. Si l'expérience vous intéresse, rendez-vous au nord de Miami Beach et montez dans le bateau *Therapy IV (10800 Collins Ave., Miami Beach, ☎945-1578)*.

 Golf

Le golf fait sans cesse de nouveaux adeptes en Floride. Voici quelques terrains des environs de Miami :

Bayshore Golf Course *(2301 Alton Road, Miami Beach, ☎532-3550, ⊷532-3840)*. Un 18 trous. Normale 72.

The Biltmore Golf Club *(1210 Anastasia Ave., Coral Gables, ☎460-5366, ⊷460-5315)*. Un 18 trous. Normale 71.

Don Shula's Hotel & Golf Club *(15255 Bull Run Road, Miami Lakes, ☎820-8106, ⊷820-8175)*. Deux 18 trous. Normale 72.

Doral Golf Resort & Spa *(4400 NW. 87th Ave., Miami, ☎591-6453, ⊷594-4682, www.doralgolf.com)*. Quatre 18 trous. De normale 70 à normale 72.

 Tennis

Les Internationaux de tennis Lipton ont lieu sur Key Biscayne, au **Crandon Park**, à la fin du mois de mars. Le reste de l'année, tous et chacun peuvent s'y rendre afin de s'imaginer dans la peau de Pete Sampras en train de frapper la balle. S'y trouvent des terrains d'argile, de gazon naturel et de surface dure.

Jogging

S'il existe un sport qui demande un minimum d'équipement et d'accoutrement, c'est bien le jogging. Assurez-vous toutefois de vous chausser d'une paire de tennis qui absorbera bien les chocs tout en vous évitant des blessures aux genoux ou au dos. Des sentiers asphaltés entre la plage et Ocean Drive se prêtent bien à cet exercice. De plus, entre 20th Street et 50th Street, se trouve un *boardwalk* où les visiteurs peuvent se balader à leur guise.

 Marche

Les **Everglades** et la **Bill Baggs Cape Florida State Recreation Area** disposent d'aires de pique-nique et de sentiers pédestres offrant aux visiteurs le calme et l'évasion qu'ils recherchent.

 Vélo

Les visiteurs peuvent se balader sur la piste cyclable entre Ocean Drive et la plage, sur le sentier nommé **Old Cutler Bike Path** *(entre SW. 72nd St. et SW. 224th St., ☎375-1647)* ou sur la **Snapper Creek Bikeway** *(SW. 117th Ave. entre SW. 16th St. et SW. 72nd St., ☎375-1647)*.

 Observation des oiseaux

La grande variété d'espèces d'oiseaux qu'abritent les Everglades attire chaque année de nombreux ornithologues.

 Naturisme

Haulover Beach, à la hauteur de 10800 Collins Avenue est une plage réservée aux naturistes.

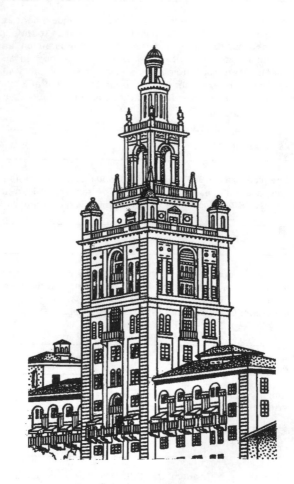

HÉBERGEMENT

Parmi la pléthore d'établissements formant le parc hôtelier de Miami et de ses environs, le visiteur dénichera certainement le type d'établissement qu'il recherche. Toutefois, tenons-nous-le pour dit, on ne vient pas les poches vides à Miami et rares sont les hôtels qui louent leurs chambres à moins de 70$ par nuitée. Toutes les chambres d'hôtel ont l'eau chaude, la télé et une salle de bain privée, sinon nous vous en ferons part.

Combien? Où? Quand? Voilà sans doute les questions qui viennent à l'esprit avant de réserver votre chambre. Miami étant divisée en différents quartiers, il importe de bien déterminer le secteur où votre choix s'arrêtera.

Tous les prix indiqués dans le présent chapitre s'appliquent à des chambres pour deux personnes avant taxes durant la haute saison touristique, soit de décembre à mars. En effet, au cours de cette période, le taux d'occupation des hôtels est exceptionnellement élevé. Par conséquent, si vous prévoyez loger à Miami en saison, on vous suggère vivement de réserver votre chambre quelques mois à l'avance. La majorité des hôtels exigent un numéro de carte de crédit afin qu'ils puissent garder votre chambre en réserve. Durant la saison basse, d'avril à novembre, de nombreux hôtels louent leurs chambres à la baisse et vont jusqu'à accorder des rabais de 25% à 45% selon la période et la durée du séjour.

Quelques établissements qui se distinguent

Le meilleur rapport qualité/prix : l'Astor Hotel, p 144
La meilleure auberge de jeunesse : The Clay Hotel, p 139
Le meilleur accueil : The Turnberry Isle Resort, p 152
Le meilleur hôtel historique : The Biltmore, p 155
Les meilleurs hôtels romantiques : l'Ocean Front Hotel, p 146, et l'Hotel Impala, p 146
Les meilleures piscines : The Fontainebleau, p 151, The Biltmore, p 155, et The National, p 147
Le meilleur *spa* : The Eden Roc, p 150
Le meilleur complexe pour le golf : The Turnberry Isle Resort, p 152, et le Doral Golf Resort & SPA, p 160
Le meilleur hôtel Art déco : The Indian Creek Hotel, p 143
Le meilleur hôtel pour enregistrer un album : The Marlin, p 148
Le plus BCBG : The Delano, p 148
Le meilleur hôtel pour faire la fête : The Clevelander, p 143
Le *pet-friendly* : The Ocean Front Hotel, p 146
La quintessence du luxe : The Turnberry Isle Resort, p 152

 CIRCUIT A : SOUTH BEACH

Les voyageurs à la recherche d'une halte à trois sous peuvent se rabattre sur le **Banana Bungalow** *(15$ bc pdj, 40-90 bp pdj; ≈, ℛ; 2360 Collins Ave., FL 33139, ☎538-1951 ou 800-746-7835, miamires@bananabungalow.com)*. Situé juste au nord du Art Deco District et tout près du Bass Museum, cet hôtel pratique des prix vraiment intéressants si vous êtes disposé à dormir dans un dortoir. Inauguré au cours des années cinquante, cet établissement fut retapé il y a quelques années pour devenir un lieu de rencontre prisé des baroudeurs du monde entier. Si vous êtes prêt à délier les cordons de votre bourse, vous y trouverez aussi des chambres privées propres, mais sans fantaisie, qui s'articulent autour de la piscine et d'un canal étroit. Son restaurant sert des repas simples et drôlement économiques, tandis que des tables de ping-pong, une agence de voyages et une blanchisserie font partie des autres services offerts par l'établissement. Finalement, un stationnement gratuit (on insiste, c'est gratuit) est à la disposition des clients.

🏨 Ouvert à ceux et celles qui ont des contraintes budgétaires, **The Clay Hotel** *(16$ bc, 60$ bp; ℜ; 1438 Washington Ave., FL 33139, ☎534-2988, ≈673-0346)* est à la fois un hôtel et une auberge de jeunesse qui se dresse à l'angle de la charmante petite Española Way. Très bien situé, l'établissement propose des chambres privées simples, mais qui procurent un confort tout à fait honorable. Les chambres partagées sont louées à des prix qui défient toute concurrence et sont généralement occupées par des touristes mal rasés voyageant sac au dos. En effet, cet endroit est très populaire auprès des globe-trotters venus des quatre coins du monde pour profiter du soleil floridien et pour s'échanger des histoires de voyage. Si possible, louez une chambre qui s'ouvre sur un balcon.

🏨 Un autre gîte merveilleusement bien situé est la charmante **Jona's Guesthouse** *(69-99; C, ≈; 1330 Collins Ave., FL 33139, ☎672-4192)*, qui se trouve blottie derrière un sympathique fleuriste. Non, il ne s'agit pas de la réception, mais les clients de l'hôtel bénéficient d'une réduction sur tout achat en magasin. Toutes les chambres sont propres, spacieuses, et sont équipées d'une cuisinette, d'un frigo, de vaisselle, d'une cafetière et d'une chaîne stéréo. Idéal pour les séjours prolongés à prix modérés.

🏨 Sise à un coin de rue de la plage, la **Villa Paradiso** *(69-145; C, ≈; 1415 Collins Ave., FL 33139, ☎532-0616, ≈673-5874, www.sobe.com/villaparadiso)* dispose de chambres et studios tranquilles au plancher de bois franc qui s'organisent autour d'une cour intérieure ombragée. Une cuisinette avec coutellerie et machine à café se trouve dans chaque chambre. De plus, on y propose aussi un service de buanderie. L'endroit plaira à tous ceux qui cherchent un peu de tranquillité, mais qui souhaitent se déplacer aisément jusqu'aux restaurants ou être près de l'animation nocturne.

Le **Park Washington Resort** *(80-130; =, ≈, ℛ; 1020 Washington Ave., FL 33139, ☎532-1930, ≈972-4666)* comprend 4 bâtiments où sont réparties environ 150 chambres dont certaines sont dotées d'une cuisinette. Toutes sont propres, bien équipées et garnies de meubles Art déco. Ceux et celles qui préfèrent l'eau douce à l'eau salée peuvent profiter de sa piscine entourée d'une végétation luxuriante. Il est à noter qu'il attire une importante clientèle gay. Bon rapport qualité/prix.

Tenu par un sympathique duo mère-fille, le **Brigham Gardens** *(85-130; C, =; 1411 Collins Ave., FL 33139, ☎531-1331, ≈538-9898, brigham@travelbase.com)* est une autre petite oasis de tranquillité située juste à côté de la Villa Paradiso. On y loue 10 chambres et 9 studios répartis dans 2 bâtiments de style Art déco et méditerranéen. Chaque chambre est équipée d'un frigo, d'une cafetière et d'un système de messagerie vocale. Après une journée de plage, installez-vous au sein du jardin à l'aspect bucolique, enfoncez-vous dans le hamac, écoutez le pépiement des oiseaux qui se mêle au tintement des carillons éoliens et laissez la brise vous caresser le visage, le temps d'oublier le brouhaha qui règne sur Ocean Drive.

Situé en plein cœur du Fashion District de South Beach, le **Chesterfield Hotel** *(90-110; =, ℛ; 855 Collins Ave., FL 33139, ☎531-5831 ou 800-244-6023, ≈672-4900)* représente une option tranquille et une alternative relativement économique aux établissements d'Ocean Drive. Un minuscule ascenseur permet d'accéder à un long couloir doté d'un plancher de bois franc et pourvu de ventilateurs de plafond, sur

Avez-vous visité notre site web?
www.ulysse.ca

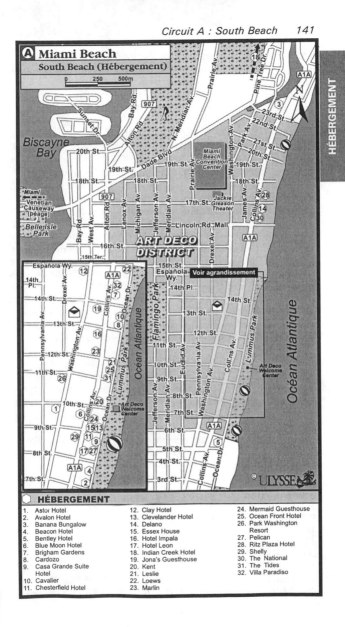

A Miami Beach
South Beach (Hébergement)

0   250   500m

Biscayne Bay

Miami Venetian Causeway (péage)

Bellelsle Park

Miami Beach Convention Center

Jackie Gleason Theater

ART DECO DISTRICT

Voir agrandissement

Art Deco Welcome Center

Océan Atlantique

Océan Atlantique

© ULYSSE

○ HÉBERGEMENT

1. Astor Hotel
2. Avalon Hotel
3. Banana Bungalow
4. Beacon Hotel
5. Bentley Hotel
6. Blue Moon Hotel
7. Brigham Gardens
8. Cardozo
9. Casa Grande Suite Hotel
10. Cavalier
11. Chesterfield Hotel
12. Clay Hotel
13. Clevelander Hotel
14. Delano
15. Essex House
16. Hotel Impala
17. Hotel Leon
18. Indian Creek Hotel
19. Jona's Guesthouse
20. Kent
21. Leslie
22. Loews
23. Marlin
24. Mermaid Guesthouse
25. Ocean Front Hotel
26. Park Washington Resort
27. Pelican
28. Ritz Plaza Hotel
29. Shelly
30. The National
31. The Tides
32. Villa Paradiso

lequel donnent les portes des chambres, le tout dans une atmosphère rustique où l'on a l'impression de se retrouver dans un hôtel britannique de New Dehli au début des années trente. Les chambres, au mobilier sans artifice, sont d'une propreté irréprochable et attirent une clientèle relativement jeune au budget modéré.

L'hôtel **Shelly** *(100-120; ≡, ℜ; 844 Collins Ave., FL 33139, ☎531-3341 ou 800-414-0612, ≈672-4900)* se trouve en face du Chesterfield. Les deux hôtels appartenant au même propriétaire, on y retrouve une ambiance très similaire, à l'exception que le Shelly ne dispose ni de bar, ni de restaurant, ni d'ascenseur. Les chambres, au parquet de bois franc et aux murs peints à l'éponge, rappellent certains hôtels européens, et l'atmosphère qui y règne tient plus du *bed and breakfast* que de celle d'un hôtel conventionnel. Encore une fois, la propreté, la situation et les bons tarifs demeurent les atouts principaux de l'établissement. Les chambres sont toutefois de dimensions légèrement plus réduites qu'au Chesterfield, au point que nous déconseillons la location d'une chambre à deux lits si vous comptez passer un peu de temps à l'intérieur. Des beignes et du café vous sont gracieusement offerts tous les matins pour vous permettre de débuter la journée du bon pied.

La **Mermaid Guesthouse** *(110-200; ≡; 909 Collins Ave., FL 33139, ☎538-5324)* gagne la faveur des voyageurs à la recherche d'une halte agréable et tranquille tout en étant à proximité de la plage. Les sympathiques propriétaires vous feront sentir comme chez vous.

Situé à seulement quelques enjambées de la plage, l'hôtel **Cavalier** *(125-350; ℜ, ≡; 1320 Ocean Drive, FL 33139, ☎604-5000, ≈531-5543, www.islandpost.com)* dispose d'environ 45 chambres généralement occupées par des mannequins qui suent et qui bossent sous les rayons du soleil lors de séances de photo sur la plage. Sachez que seules les suites bénéficient d'une vue sur la mer, mais les clients qui aiment la musique seront ravis car chaque chambre est dotée d'une petite chaîne stéréo. Le personnel est sympathique et dynamique.

The Blue Moon Hotel *(125-350; ≡, ≈, ℜ; 944 Collins Ave., FL 33139, ☎673-2262 ou 800-724-1623, ≈534-5399, www.*

merv.com/bluemoon) était jadis connu sous le nom de Lafayette Hotel, mais a récemment changé d'administration et appartient désormais au comédien Merv Griffin. Entièrement rénové, cet établissement aux allures méditerranéennes compte 25 chambres coquettes, tranquilles, propres et situées à deux pas de la plage et de l'animation nocturne. Toutes possèdent un minibar, un fer et une planche à repasser ainsi qu'une cafetière. De plus, les clients reçoivent des fleurs fraîches en guise de bienvenue.

Ceux et celles qui privilégient faire la fête toute la nuit plutôt que de s'endormir dans l'impatience du lendemain peuvent opter pour **The Clevelander Hotel** *(130$; ≡, ⊘, ≈, ℜ; 1020 Ocean Drive, FL 33139, ☎531-3485, ⇢534-4707, clevelander@ travelbase.com)*. En effet, non seulement l'établissement se trouve-t-il en plein cœur de l'animation nocturne, mais encore la musique tonitruante de son bar du rez-de-chaussée mêlée au bruit des conversations résonne jusqu'aux petites heures du matin. Les 50 chambres, quant à elles, sont bien équipées et propres, mais bruyantes. Parmi les autres services que l'établissement propose à sa clientèle jeune et fringante, notons son gymnase qui surplombe le bar et la piscine.

🦐 Situé légèrement au nord de South Beach, l'**Indian Creek Hotel** *(130-200; ≡, ≈, ℜ; 2727 Indian Creek Drive, FL 33140, ☎531-2721, ⇢531-5651)* semble figé dans le souvenir de 1936 et illustre merveilleusement bien la tendance Art déco qui a marqué Miami au début du XXᵉ siècle. En effet, les chambres, le *lobby* et le restaurant sont garnis de meubles et de bibelots qui plongent le visiteur directement au début des années trente. Le service est franc et souriant.

La façade de l'**Avalon Hotel** *(130-210; ≡, ℜ; 700 Ocean Drive, FL 33139, ☎538-0133, ⇢534-0258)* constitue un autre exemple classique d'architecture profilée. Cet établissement est surtout réputé pour la qualité de son restaurant A Fish called Avalon (voir p 175). Les chambres, quant à elles, sont un peu petites, mais on a rien à redire à la propreté des lieux ou à l'aménagement du mobilier Art déco. L'endroit est bien situé et le personnel est avenant.

L'hôtel **Kent** *(130-275; ≡, ℜ; 1131 Collins Ave., FL 33139, ☎531-6771, ⇢531-0720, www.islandpost.com)* figure aussi sur la liste des établissements appartenant à la firme Island Post, la même qui gère le Marlin, le Tides, le Cavalier et le Leslie, mais il s'agit sans doute du plus discret du groupe dans le tohu-bohu du quartier. Par conséquent, il y a généralement de la place parmi les 54 chambres propres, bien équipées mais sans surprises de cet hôtel. L'acajou confère au *lobby* chaleur et simplicité. Le personnel est sympathique et souriant.

Les visiteurs qui désirent s'installer tout près du brouhaha qui règne sur Ocean Drive peuvent opter pour l'hôtel **Leslie** *(130-375; =, ℛ; 1244 Ocean Drive, FL 33139, ☎604-5000, ⇒672-5611, www.islandpost.com)*. Au total, on dénombre une quarantaine de chambres décorées de couleurs vives, pétantes et éclatantes, et pourvues d'une petite salle de bain, d'un minibar, d'un magnétoscope et d'un lecteur de disques compacts. Seules les quatre suites de l'hôtel ont vue sur la mer. Le personnel est aimable.

Inauguré en 1929 et rénové en 1996, l'**Hotel Leon** *(130-375; tvc, bp, =, ℛ; 841 Collins Ave., FL 33139, ☎673-3767, ⇒673-5866, www.hotelleon.com)* loue des chambres décorées avec goût et simplicité dont certaines sont dotées de faux foyers. Cependant, toutes s'avèrent propres et décorées avec un joli mélange d'objets Art déco et d'antiquités. Les propriétaires sont sympathiques.

🏨 Appartenant à la célèbre chanteuse Gloria Estefan et à son époux, l'hôtel **Cardozo** *(130-377; =, ℛ; 1300 Ocean Drive, FL 33139, ☎535-6500, ⇒532-3563, cardozo@travelbase.com)* se dresse face à la plage et constitue un bel exemple de l'architecture déroutante dite profilée. Certains d'entre vous l'ont peut-être déjà remarqué dans des films tels que *A hole in the head* ou *The Birdcage*. Le Cardozo compte 42 chambres réparties sur 3 étages, toutes impeccables, coquettes et dotées de planchers de bois franc.

🏨 L'**Astor Hotel** *(145-320; =, ℛ; 956 Washington Ave., FL 33139, ☎531-8081, ⇒531-3193, www.hotelastor.com)* fut inauguré en 1936, mais les travaux de rénovation effectués au début des années quatre-vingt-dix ont définitivement modernisé ses installations. Situé à deux pas du Wofsonian Museum, l'hôtel dispose de chambres tranquilles, empreintes d'élégance et meublées avec goût. S'y trouve aussi un excellent restaurant, ouvert sur un bar situé près d'une petite piscine où

Les célèbres
flamants roses
se dandinant
dans la Parrot
Jungle.
- *Van Phillips*

Pour visiter la
réserve
autochtone
Miccosukee, rien
de mieux qu'une
balade en
aéroglisseur à
travers la
brousse
marécageuse
des Everglades.
- *J.Greenberg*

Miami et ses luxueux hôtels donnant sur la mer. - *J.B.*

clapote une cascade. On vous suggère de faire vos réservations à l'avance, car l'établissement est souvent complet en raison de ses tarifs intéressants. Le personnel souriant fera l'impossible pour rendre votre séjour le plus agréable possible. Il s'agit d'un excellent rapport qualité/prix.

Les chambres de l'**Essex House** *(160-280; ≠, ℛ; 1001 Collins Ave., FL 33139, ☎534-2700, ≈532-3827)* s'ajoutent à la liste des hôtels à l'architecture profilée qui ont été rénovés au cours de l'année 1998. Le *lobby* a gardé des traces de son passé grâce à une vieille toile illustrant les Everglades qui fut même retouchée par l'artiste original. Certaines chambres sont dotées d'un frigo et d'une cafetière. Le service est efficace et attentionné.

Situées à deux pas de la plage, les 25 chambres de l'hôtel **Pelican** *(160-280; ≠, ℛ; 826 Ocean Drive, FL 33139, ☎673-3373, ≈673-3255, www.islandpost.com)* ne sont pas très grandes, mais elles s'avèrent toutes propres et décorées de façon différente et originale. En effet, chacune a un thème assez évocateur, comme *Me Tarzan, You Vain, Psychedelic Girl* ou *Best Whorehouse*, qui se reflète à l'intérieur des chambres. Le personnel est courtois et souriant.

Un autre hôtel qui vient de renaître en raison d'importants travaux de rénovation est le **Beacon Hotel** *(160-375; ≠, ℛ; 720 Ocean Drive, FL 33139, ☎674-8200 ou 800-649-7075, ≈674-8976, www.beacon-hotel.com)*. Très bien situées en plein cœur d'Ocean Drive, les chambres de ce sympathique hôtel à l'architecture profilée sont dallées de marbre et reluisent de propreté tout en mariant confort et élégance. De plus, elles sont pourvues d'une machine à café et d'une prise pour le modem de votre ordinateur portable. Son restaurant Zana (voir p 178) a bonne réputation.

Situées à quelques minutes de marche du Jackie Gleason Theater et à deux pas de la plage, les chambres du **Ritz Plaza Hotel** *(185-365; ≠, ℛ, ≈; 1701 Collins Ave., FL 33139, ☎534-3500 ou 800-522-6400, ≈531-6928, www.ritzplaza. com)* resplendissent à nouveau grâce aux millions de dollars injectés par les propriétaires. Toutes sont équipées de meubles stylisés, d'un fer à repasser et d'une planche, d'un séchoir à cheveux et d'un minibar bien rempli. Des séances de photo se déroulent parfois à côté de sa piscine.

🏨 Entouré d'une végétation tropicale et luxuriante, l'**Hotel Impala** *(200-379 pdj; ≈, ℛ; 1228 Collins Ave., FL 33139, ☎673-2021, ⬧673-5984, impala@travelbase.com)* prend des allures d'un petit havre de paix, loin de la cohue d'Ocean Drive, grâce à son emplacement sur un tronçon de rue tranquille. Hôtel de qualité remarquable qui, soit dit en passant, ne se présente pas comme étant Art déco, l'Impala insuffle un air d'élégance d'antan à ses hôtes. D'une part, son somptueux décor, composé de riches boiseries et de mobiliers recherchés, contraste avec la mode Art déco et vous enveloppera comme un gant de velours. D'autre part, l'allure chaleureuse et romantique des chambres saura enflammer le cœur le plus endurci tout en promettant tranquillité et repos. Fait à noter : les salles de bain sont énormes. Chaque chambre comprend un magnétoscope, une chaîne stéréo et un choix de disques compacts, ainsi qu'une prise pour brancher votre ordinateur portable. Le personnel est multilingue et courtois. Finalement, un concierge est disponible à toute heure de la journée ou de la nuit.

On rejoint la lumineuse réception du **Bentley Hotel** *(200-425; ≈, C, ≡, tvc, ℛ; 510 Ocean Drive, FL 33139, ☎538-1700, ⬧532-4865, thebentley@msn.com)* en prenant l'ascenseur situé au rez-de-chaussée. Chaque chambre est spacieuse, dallée de marbre, agrémentée de plantes et dotée d'un bidet, d'une cuisinette ainsi que d'un lecteur de disques compacts. Après avoir passé une journée sur la plage, les clients aiment bien relaxer tranquillement sur la terrasse de la piscine, juchée sur le toit de l'établissement.

🏨 Mieux vaut réserver à l'avance si vous prévoyez loger à l'**Ocean Front Hotel** *(200-500; ≡, C, ℛ, ✈; 1230 Ocean Drive, FL 33139, ☎672-2579 ou 800-783-1725, ⬧672-7665, ocean-front@travelbase.com)*. En effet, l'hôtel ne dispose que de 27 suites spacieuses fraîchement rénovées à la décoration recherchée qui s'apparentent plus à de petits appartements qu'à des chambres d'hôtel. Chaque suite comprend un coffret de sécurité, un minibar qu'on vous remplit sur demande ainsi qu'une petite chaîne stéréo et un lecteur de disques compacts. L'accent est mis sur le confort, l'élégance et la quiétude, l'insonorisation remarquable des pièces faisant en sorte qu'il est possible de s'isoler complètement de la cacophonie d'Ocean Drive à tout moment. Le personnel, polyglotte, cordial et dévoué, offre un service personnalisé qui vous donnera davantage la sensation d'être le propriétaire d'un petit condo qu'un vacancier de passage. C'est peut être la raison pour laquelle Cher choisit parfois d'y loger lors de ses séjours à South Beach. De plus, les clients reçoivent gratuitement le journal du matin à leur porte. Un dîner à son restaurant Les Deux Fontaines (voir p 175) vous permettra de goûter à sa cuisine raffinée tout en contemplant la faune racée déambulant sur Ocean Drive. Compte tenu de son emplacement et de la qualité supérieure de ses chambres, les tarifs de cet hôtel sont très bon marché. Bref, cet établissement au style architectural tout à fait méditerranéen est un vrai petit bijou qui rendra votre séjour inoubliable.

De l'extérieur, la sobre élégance du **Casa Grande Suite Hotel** *(265$-1 000$; C, ≈, ℜ; 843 Ocean Drive, FL 33139, ☎672-7003, ⇰673-3669, www.islandoutpost.com)* attire peu l'attention parmi la pléthore d'hôtels ayant pignon sur Ocean Drive. Pourtant, il s'agit sans doute d'un des meilleurs hôtels de Miami et certes de l'un des plus invitants. La riche décoration des 34 chambres et logis, dont certains sont des studios tandis que d'autres ont une ou trois chambres à coucher, juxtapose avec brio des motifs Art déco au caractère antique de certains meubles et objets d'art. Le mobilier est fait d'acajou ou de teck, les lampes éclairent de jolis batiks et les tapis sont importés d'Indonésie. Parmi les gadgets qui plairont sans doute aux visiteurs, mentionnons le magnétoscope et le lecteur de disques compacts. De plus, les clients reçoivent gratuitement le journal à leur porte.

L'un des hôtels les plus mésestimés de l'Art Deco District, **The National** *(285-895; ≈, ≈, ℜ; 1677 Collins Ave., FL 33139, ☎532-2311 ou 800-327-8370, ⇰534-1426, www.nationalhotel.com)* se dresse à seulement quelques minutes de marche d'Ocean Drive et fait revivre le charme des années quarante; la récente réfection, qui a respecté son style, visait à recréer avec fidélité l'atmosphère de ses premières années d'existence. Le bâtiment principal, parsemé de meubles et de bibelots d'époque dénichés par le propriétaire, renferme des chambres aux dimensions modestes mais bénéficiant d'une décoration chaleureuse et soignée. À l'arrière, une étonnante et splendide piscine bordée de palmiers relie la terrasse du café Mosaic au Tiki Bar de l'hôtel sur une distance de 62 m. La piscine sert de décor à de fréquentes séances de photo professionnelles et l'un de ses côtés tient lieu de façade à l'aile tropicale de l'établissement, dont les chambres plus vastes, aux coloris rose et aqua, s'ouvrent sur des balcons et conviendront davantage aux amateurs de plage et de soleil.

Des personnalités du monde artistique musical telles que le célèbre groupe irlandais U2 ont déjà utilisé le studio de 64 pistes de l'hôtel **Marlin** *(300-500; ≡, ℜ; 1200 Collins Ave., FL 33139, ☎673-8770, ⊷673-9609, www.islandpost.com)* pour enregistrer leur album. Cet établissement à l'architecture profilée fait partie du méga-empire de nul autre que Chris Blackwell, propriétaire d'Island Records. N'ayez crainte, le studio est parfaitement insonorisé et vous n'aurez aucun problème avec le bruit. Les chambres sont impeccables et truffées de petits gadgets comme un magnétoscope, une radiocassette, un système de messagerie vocale, une planche et un fer à repasser, un coffre-fort et une prise pour brancher le modem de votre ordinateur portable.

Limousines et autres bagnoles rutilantes sont souvent garées devant la porte du **Delano** *(310-475; ≡, ≈, ℜ; 1685 Collins Ave., FL 33139, ☎672-2000 ou 800-555-5001, ⊷532-0099)*. Malgré ses tarifs prohibitifs, l'endroit est populaire auprès du gratin qui veut voir et être vu. Aussi est-il préférable de réserver à l'avance si vous prévoyez loger ici. Les chambres sont immaculées de blanc et sans reproche, mais les visiteurs préfèrent passer plus de temps à déambuler à travers le rez-de-chaussée au décor délirant et captivant, signé Philip Starck. En effet, celui-ci vous plonge dans un univers unique, déroutant et fascinant, composé d'immenses colonnes séparées par de fins voiles blancs suspendus au plafond entre lesquelles se succèdent une cuisine, des racoins pour l'intimité, d'énormes miroirs, une table de billard, des meubles stylisés futuristes et un bar où l'on s'accoude pour prendre un verre et admirer le spectacle. Finalement, en poussant la porte du fond, on arrive devant un jeu d'échecs géant, situé près de la piscine, et l'on voit d'autres objets hétéroclites dispersés çà et là, le tout semblant être sorti de l'imagination débridée et étrange d'un Fellini ou d'un Dalí.

Admirablement bien situé en plein cœur d'Ocean Drive, l'hôtel **The Tides** *(375-450; ≡, ≈, tvc, ℜ; 1220 Ocean Drive, FL 33139, ☎604-5000, ⊷604-5180, www.islandpost.com)*

dresse sa façade Art déco aux couleurs pâles et crémeuses avec grâce, élégance et dignité. Ses 45 suites font toutes face à la mer et s'avèrent vastes, spacieuses, impeccables et pourvues d'un magnétoscope, d'une radiocassette ainsi que d'un télescope pour les curieux qui souhaitent se rincer l'œil. S'y trouve aussi une piscine pour tous ceux qui n'aiment pas l'eau salée. Le personnel est avenant et stylé.

Le nouveau mammouth de l'infrastructure hôtelière de Miami Beach s'appelle le **Loews** *(≡, ☉, ≈, ℛ; 1601 Collins Ave., FL 33139, ☎604-1601, ≈531-8677, www.loewshotels.com)*. Toutefois, il est actuellement en chantier et ouvrira probablement ses portes vers l'an 2000 pour devenir sans nul doute l'un des prétendants au titre du roi des hôtels de luxe de Miami Beach. Très bien situé, il proposera six restaurants, une agence de location de voitures, un centre de conditionnement physique, une piscine et près de 800 suites luxueuses.

CIRCUIT B : CENTRE ET NORD DE MIAMI BEACH

Si vous participez à un congrès au Miami Beach Convention Center, nous vous suggérons de loger dans un hôtel de South Beach près de 20th Street. Cela vous permettra de vous déplacer aisément à pied depuis votre hôtel jusqu'à votre congrès. South Beach abrite la plus grande concentration d'immeubles Art déco du globe et fourmille de bars, de restaurants et de boîtes de nuit. La plupart des hôtels de South Beach furent érigés autour des années trente et furent rénovés il y a quelques années en raison de la soudaine popularité grandissante pour cette destination. Mis à part quelques exceptions, ces établissements sont relativement petits et sont tenus par des propriétaires privés, mais procurent un confort tout à fait convenable. L'inconvénient majeur lorsque vous séjournez à Miami Beach est le manque évident de place pour garer votre voiture. En effet, rares sont les hôtels qui vous offrent la possibilité de garer votre véhicule sans défrayer les coûts du *valet parking* (entre 7$ et 15$ selon l'établissement choisi). Autre considération à prendre lorsque vient le temps d'arrêter votre choix : le bruit. Si vous avez le sommeil léger, optez pour une rue tranquille ou un établissement dont les chambres sont insonorisées. Si vous préférez être au cœur de l'action, dirigez votre choix sur un hôtel ayant pignon sur Ocean Drive.

Situé à seulement quelques minutes de marche du chic Bal Harbor Mall, **The Bay Harbor Inn** *(135-170 pdj; ≡, ≈, ℛ; 9601 East Bay Harbor Drive, FL 33154, ☎868-4141, ⇀861-3099)* représente une excellente option pour ceux et celles qui souhaitent loger à Bal Harbor sans se ruiner. Certaines chambres s'articulent autour de la piscine, tandis que d'autres bénéficient d'une jolie vue sur le canal. Le personnel est éternellement souriant et le service, sans faille.

Toutes les chambres du **Casablanca Hotel** *(140$; ℛ, ≡, ≈, C; 6345 Collins Ave., FL 33141, ☎868-0010 ou 800-813-6676, ⇀865-7111)* sont équipées d'une cuisinette et d'un frigo. Les clients peuvent s'approvisionner à l'épicerie située à quelques minutes de marche de l'hôtel pour économiser sur le coût des restaurants. Une piscine est à la disposition des voyageurs, tandis que la mer est à deux enjambées derrière l'établissement.

The Alexander All-Suite Luxury Hotel *(250$-1 250$; ≡, C, ⊘, ℛ, ≈; 5225 Collins Ave., FL 33140, ☎865-6500, ⇀341-6553)* est un autre méga-complexe hôtelier digne de mention qui se dresse tout juste au nord de l'Eden Roc et du Fontainebleau. Comme son nom l'indique, cet établissement ne loue que des suites vastes et luxueuses arborant un décor attrayant; elles sont pourvues de deux sanitaires, d'une cuisinette et d'un balcon. À vous de profiter des deux piscines et du *spa*.

The Eden Roc Resort & Spa *(300-720; ≈, ≡, ⊘, ℛ; 4525 Collins Ave., FL 33140, ☎531-0000 ou 800-327-8337, www.edenrocresort.com)* est sans nul doute l'un des fleurons du parc hôtelier de Miami et s'enorgueillit d'avoir reçu bon nombre de célébrités telles que Frank Sinatra, Barbara Streisand, Harry Belafonte, Sean Connery, Dennis Hopper ainsi que le coach des Dolphins de Miami, Jimmy Johnson, qui a d'ailleurs donné son nom à l'un des restaurants de l'hôtel. L'ensemble fut construit en 1956 par l'architecte Morris Lapidus, le même qui imagina les plans de son compétiteur voisin, le Fontainebleau (voir ci-dessous). Vous disposerez ici de tout ce que vous êtes en droit de retrouver dans un hôtel de catégorie supérieure, et même plus. Le vaste et lumineux hall d'entrée apparaît dans le film qui met en vedette Arnold Schwarzenegger et Jamie Lee Curtis, *True Lies*. Ses 350 chambres sont déjà attrayantes et ne feront que s'améliorer au fur et à mesure que les travaux de rénovation seront achevés dans quelques années. De plus, l'hôtel possède deux splendides salles victoriennes et un magnifique *spa* à la fine pointe de la technologie. Les clients peuvent également garder la forme en profitant du super-complexe sportif ou en s'attaquant au mur d'escalade près des deux piscines. La plage se trouve à deux pas derrière l'hôtel.

On a presque besoin d'une boussole et d'une carte pour se déplacer dans les dédales du **Fontainebleau Hilton Resort and Towers** *(300-720; ≈, ⊘, ≡, ℜ; 4441 Collins Ave., FL 33140, ☎538-2000, ⊷674-4607)*. Ce gigantesque palace se présente comme une véritable «ville dans une ville» grâce aux nombreux services qu'il offre à sa clientèle : six restaurants, une dizaine de boutiques au niveau inférieur et une boîte de nuit proposant un spectacle de *show girls* qui vous plonge dans une ambiance qui n'est pas sans rappeler celle de Las Vegas ou celle de l'Amérique latine. Ceinturée par 3 édifices totalisant un peu plus de 1 200 chambres, la place centrale abrite une énorme piscine tropicale avec une jolie cascade d'eau qui furent fixées sur pellicule dans le film mettant en vedette l'agent secret 007 James Bond, *Goldfinger*. De plus, on y trouve des courts de tennis situés à proximité d'un gymnase aussi bien fréquenté par une clientèle extérieure que par celle de l'hôtel. Après sa création en 1954, le Fontainebleau avait complètement déplacé l'activité touristique de South Beach à son profit. Aujourd'hui, ce complexe autosuffisant demeure fidèle à sa vocation initiale, soit celle d'offrir aux vacanciers toutes les commodités nécessaires sans qu'ils aient à s'aventurer dans le *no man's land* piétonnier que constitue le voisinage de l'hôtel. Des nouvelles suites furent récemment ajoutées et s'ouvrent sur de grands balcons où vous pourrez admirer une vue étendue sur la mer. De plus, tous ceux qui logent dans les suites ont accès à l'étage VIP, où un petit déjeuner (buffet) est servi dès 7h.

Plus au nord, loin du tohu-bohu de South Beach, la chaîne d'hôtels Sheraton possède un splendide établissement au nord de Miami Beach, le **Sheraton Bal Harbour Beach Resort** *(315-800; ⊘, ≡, ≈, ℜ; 9701 Collins Ave., FL 33154, ☎865-7511 ou 800-999-9898, ⊷864-2601)*, face au chic Bal Harbor Mall, et qui saura satisfaire autant les voyageurs d'affaires que les vacanciers de passage. S'y trouvent 642 chambres spacieuses, garnies de meubles stylisés et décorées avec soin jusqu'au plus petit détail. Notez que 186 chambres

ont été aménagées spécifiquement pour les non-fumeurs.
Derrière l'établissement, un magnifique pont de bois enjambe
une jolie cascade et mène à de luxuriants jardins tropicaux où
se trouvent deux piscines et la plage. La terrasse constitue
l'endroit idéal pour relaxer sous l'ombre des parasols en lisant
un bon roman. Une salle d'exercices, des courts de tennis et
quatre restaurants complètent les installations. Le personnel
parle une dizaine de langues et s'efforcera de combler vos
moindres désirs.

Aventura

Après avoir préalablement vérifié votre identité à l'entrée
auprès du gardien de sécurité, des chasseurs souriants, vêtus
de blanc et coiffés d'un chapeau d'explorateur colonial anglais,
vous souhaitent la bienvenue au **Turnberry Isle Resort & Club**
*(400$-1 200$; ≡, ⊘, ⊛, ℜ, ≈; 19999 West Country Club Drive,
FL 33180, ☎932-6200 ou 800-223-6800, ⇜933-6560,
www.turnberryisle.com)*, où luxe, opulence et élégance sont au
rendez-vous. Qui a dit que l'argent ne fait pas le bonheur? Ce
véritable palace se dresse au sein de 120 ha de terrain et abrite
des chambres vastes et spacieuses dont la plupart offrent une
vue magnifique sur l'un des deux terrains de golf. De plus, les
chambres sont pourvues de sanitaires plus grands qu'un
logement à Manhattan et comprennent tous les gadgets
appréciés des voyageurs d'affaires comme le fax et le raccorde-
ment pour ordinateur. Ceux et celles qui s'ennuient peuvent se
diriger vers le centre de conditionnement physique, les courts
de tennis ou les piscines. Les normes de l'hospitalité et de la
courtoisie sont appliqués avec rigueur et diligence par le
personnel polyglotte. Les clients peuvent profiter de la navette
gratuite pour la plage et le chic Aventura Mall.

 CIRCUIT C : CENTRE-VILLE DE MIAMI

Les hôtels du centre-ville de Miami sont généralement affiliés
aux chaînes d'hôtels reconnues et s'adressent d'abord et avant
tout à une clientèle d'affaires qui roule sur un *expense account*.
Ils sont situés relativement près de l'aéroport, sont dotés de
salles de conférences et de chambres bien équipées, et
fournissent tous les gadgets appréciés comme le service de

télécopie et l'Internet. Toutefois, sachez que ce quartier devient un *no man's land* dès la fermeture des commerces et que les bons restaurants et les boîtes de nuit sont rares. Si vous êtes à la recherche de bars et de discothèques, mieux vaut loger à South Beach.

Le **Miami River Inn** *(80$ pdj; ℜ; 118 SW. South River, ☎325-0045, ≈325-9227)* est un charmant *bed and breakfast* qui loue des chambres sécuritaires au confort tout à fait convenable. Louez-en une avec une vue sur l'eau.

L'**Everglades Hotel** *(85$; ℜ; 244 Biscayne Blvd, FL 33132, ☎379-5461, ≈577-8445)* compte environ 315 chambres quelque peu défraîchies, mais tarifées à des prix raisonnables pour le centre-ville. La plupart ont une jolie vue sur Miami.

Situé près du Miami Convention Center, le **Sheraton Brickell** *(150$; ⊘, ≡, ≈, ℜ; 495 Brickell Ave., FL 33166, ☎ 373-6000, ≈374-2279)* renferme pas moins de 600 chambres correspondant aux normes de cette chaîne d'hôtels bien connue. On y trouve une piscine de bonnes dimensions, un centre de conditionnement physique, un restaurant et une agence de location de voitures.

Le hall du chic hôtel **Inter-Continental** *(215-475; ≈, ℜ; 100 Chopin Plaza, FL 33131, ☎577-1000, ≈577-0384, miami@interconti.com)* brille de propreté et d'élégance. Cet établissement hôtelier de catégorie supérieure propose 606 chambres et 33 suites conçues pour satisfaire une clientèle d'affaires grâce à des installations modernes. Chacune est bien équipée et dotée d'une penderie à l'intérieur de laquelle se trouve un coffre-fort pour garder vos objets de grande valeur. Certaines offrent une vue sur Biscayne Bay, tandis que d'autres font face à la ville.

Si vous aimez le luxe, vous ne serez pas déçu en poussant la porte de la réception de l'hôtel **Hyatt Regency** *(245-500; ≡, ℜ; 400 SE. 2nd Ave., FL 33131, ☎358-1234, ≈358-0529)*. En effet, situées près du Metrorail et du Metromover, les 600 chambres réparties sur 25 étages sont à la hauteur du chic que l'on peut s'attendre à retrouver dans un établissement de cette chaîne d'hôtels bien connue, tandis que son hall d'entrée s'avère faste et astiqué.

CIRCUIT E : CORAL GABLES

Certains d'entre vous opteront peut-être pour le chic et tranquille quartier de Coral Gables, qui recèle non seulement des établissements hôteliers de qualité mais beaucoup de magasins.

Érigé en 1926, l'adorable petit **Hotel Place St. Michel** *(170$ pdj; ℜ; 162 Alcazar Ave., FL 33134, ☎441-1666, ⌐529-0074)* fut rénové au milieu des années quatre-vingt-dix et loue des chambres meublées à l'ancienne et dotées de planchers de bois franc. L'établissement abrite aussi un excellent restaurant (voir p 187), réputé pour sa cuisine fraîche et raffinée. L'accueil est chaleureux et le service, empressé et sans faille.

Tenu par les mêmes propriétaires que le Biltmore Hotel, le **David William Hotel** *(180-300; ≈, ≡, C, ℜ; 700 Biltmore Way, FL 33134, ☎445-7821 ou 800-757-8073, ⌐913-1933)* se dresse non loin de son prestigieux confrère en plein cœur de Coral Gables. Proposant des prix nettement plus avantageux que le Biltmore, cet hôtel plaît davantage aux visiteurs qui effectuent des séjours prolongés à Miami. En effet, chaque chambre comprend un four à micro-ondes et un frigo, tandis que les suites disposent d'une cuisine complète. Si l'envie vous prend de mettre la main à la pâte, vous pouvez vous rendre au petit marché de l'hôtel situé au rez-de-chaussée pour choisir parmi la variété de produits alimentaires et de gourmandises de qualité qui y sont vendus. En outre, l'hôtel compte six salles de conférences ainsi qu'une piscine sise sur le toit de l'édifice. Le service est souriant et courtois. Enfin, les clients peuvent jouir de tous les agréments du Biltmore grâce au service de navette qui fait le trajet entre les deux établissements.

Nul doute que l'**Omni Colonade Hotel** *(225-700; ≡, ⊛, ≈, ⊘, ℜ; 180 Aragon Ave., FL 33134, ☎441-2600, ⌐445-3929)* saura satisfaire les exigences des voyageurs d'affaires les plus difficiles. Dès leur arrivée, les hôtes reçoivent une flûte à champagne en guise de bienvenue et sont traités avec attention et courtoisie durant le reste de leur séjour. Parmi les services et installations offerts à la clientèle, citons la piscine, le bassin à remous, le centre de conditionnement physique et le *business* *center*. Ses 157 chambres sont spacieuses, élégantes et tranquilles, comprenant une connexion de modem ainsi qu'un fax.

L'hôtel **Hyatt** *(260$-1 000$; =, ℛ; 50 Alhambra Plaza, FL 33134, ☎441-1234, ≈443-7702)* est un établissement de luxe qui offre un confort et une élégance qui ont contribué à la réputation internationale de cette chaîne d'hôtels. Au total, on dénombre plus de 200 chambres réparties sur 14 étages. Certaines chambres sont aménagées pour accueillir les non-fumeurs, tandis que d'autres sont spécialement conçues pour les personnes handicapées.

Érigé en 1926, le **Biltmore Hotel** *(260$-1 100$; =, ⊙, ≈, ℛ; 1200 Anastasia Ave., FL 33134, ☎445-8066 ou 800-727-1926, ≈913-3159, www.biltmorehotel.com)* est l'adresse de prédilection du gratin de la société aimant le faste d'antan, les événements culturels, le golf, la fine cuisine ainsi que les vins et les cigares de qualité. Entre autres, Bing Crosby et Al Capone figurent en tête de la liste des pensionnaires les plus célèbres ayant fréquenté cette institution floridienne. Fait historique notable, en 1942, l'établissement délaisse son caractère hôtelier pour devenir un hôpital militaire, rôle qu'il maintiendra jusqu'à la fin des années soixante et qui lui vaudra la désignation de site historique en 1972. Après d'importants travaux de rénovation, il déroule à nouveau le tapis rouge et rouvre enfin ses portes en 1992. Aujourd'hui, le Biltmore, avec ses 280 chambres et suites, se classe au palmarès des grands hôtels classiques des États-Unis. De l'extérieur, impossible de rater son clocher haut de 92 m, réplique de celui du Giralda de la fameuse cathédrale de Séville, en Espagne. Impossible aussi de ne pas remarquer les couleurs soleil et pêche de ses tours. Derrière, difficile de ne pas être impressionné par le bleu de son immense piscine – qui serait la plus grande des États-Unis – contenant 600 000 gallons d'eau et mesurant 22 000 pi^2 (environ 2 200 m^2). Un charme fou émane de l'immense hall d'entrée aux murs lambrissés, au plafond voûté de 45 pieds (près de 15 m) et aux vitraux filtrant la lumière du jour qui baigne doucement le plancher marbré. Les chambres sont décorées avec goût, délicatesse et originalité, en particulier celles situées dans les tours. Comme activités, on propose des brunchs au champagne, des soirées d'opéra ainsi que des dégustations de vins et de cigares rares. Un centre de condi-

tionnement physique et un salon de beauté et de soins corpo-
rels sont aussi à la disposition de la clientèle. Bien sûr, on ne
peut parler du Biltmore sans faire mention de son terrain de
golf, qui attire de nombreux amateurs. Ceux et celles qui
préfèrent le tennis peuvent se renvoyer la balle sur l'un des
courts de l'hôtel, éclairés même la nuit.

CIRCUIT F : COCONUT GROVE

L'autre endroit où votre congrès peut se dérouler est Coconut
Grove. Ce quartier possède un *convention center* aux dimensions plus réduites que celui de Miami Beach. Toutefois, il y a
sans nul doute ici plus d'hôtels de catégorie supérieure.

Discrètement cachée au coin du complexe commercial The
Streets of Mayfair, la **Mayfair House** *(250-560; ≈, ≡, ⊛, ℛ;
3000 Florida Ave., FL 33133, ☎441-0000, ⊷447-9173)* se
présente comme un ravissant hôtel en plein centre de Coconut
Grove. Les clients reçoivent plusieurs petites attentions
particulières telles qu'une flûte à champagne en guise de
bienvenue et l'enregistrement personnalisé à l'européenne. Ses
179 suites s'ouvrent sur de grands balcons et sont vastes,
décorées d'un mélange de meubles d'acajou et Art déco, et
pourvues d'une grande salle de bain marbrée équipée d'un petit
téléviseur ainsi que d'un séchoir à cheveux. Certaines disposent
d'un vieux piano anglais et d'une baignoire à remous. Après
une journée d'emplettes ou de visite en ville, allez-donc profiter
de sa petite mais sympathique piscine, qui se trouve sur le toit
de l'établissement. Bref, l'endroit est calme et reposant, et le
personnel met tout en œuvre pour s'assurer du bien-être de ses
clients.

Le **Doubletree Hotel** *(250-700; ≈, ≡, ℛ; 2649 South
Bayshore Drive, FL 33133, ☎858-2500, ⊷858-5776)* parvient
à maintenir année après année le niveau de confort que les
visiteurs s'attendent à retrouver dans un établissement de cette
classe. À quelques minutes de marche seulement des centres
commerciaux Coco Walk et The Streets of Mayfair, ses 192
chambres conjuguent luxe et raffinement européen. La plupart
des chambres ont une vue sur Key Biscayne. Six chambres ont
été conçues spécialement pour recevoir les personnes à

mobilité réduite dont quatre disposant d'un lit *king*. Des étages non-fumeurs sont aussi disponibles.

Le **Grand Bay Hotel** *(300$-1 100$; ≡, ≈, ℛ; 2669 South Bay Shore Drive, FL 33133, ☎858-9600, ⌐854-7998, www.grand bay.com)*, une valeur sûre à Coconut Grove et un hôtel haut de gamme, propose des chambres spacieuses, confortables et élégantes. Cet établissement loue aussi plusieurs suites luxueuses ainsi que des chambres pour non-fumeurs. Le personnel parle plusieurs langues et déploie bien des efforts afin de rendre votre séjour le plus agréable possible.

CIRCUIT G : KEY BISCAYNE

Key Biscayne rime avec calme et tranquillité. Il va sans dire que vous aurez besoin d'une voiture pour faciliter vos déplacements. En effet, on rejoint l'île de Key Biscayne par la Rickenbacker Causeway.

Le **Silver Sands Oceanfront Motel** *(150-300; ≡, ℂ, ≈; 301 Ocean Drive, FL 33149, ☎361-5441, ⌐361-5477)* a presque été emporté par l'ouragan Andrew en 1992. Après avoir subi un sérieux remodelage, il a rouvert ses portes il y a quelques années et s'adresse à tous ceux qui désirent loger sur Key Biscayne, mais qui n'ont hélas pas les moyens de s'offrir une chambre au chic Sonesta Beach Resort (voir ci-dessous). Distribuées autour d'un jardin et d'une piscine, les chambres procurent un confort tout à fait correct et sont équipées d'une cuisinette et d'un frigo. La plage est à deux enjambées des lieux.

Synonyme de luxe et de confort, le **Sonesta Beach Resort** *(285-400; ≈, ≡, ⊘, ℛ; 350 Ocean Drive, FL 33149, ☎361-2021, ⌐361-3096)* s'est également refait une beauté après avoir subi les foudres de l'ouragan Andrew. La plupart des chambres offrent une vue sur la mer et sont propres, tranquilles, bien équipées, mais sans surprises. Parmi les autres services et installations qui sont offerts, il y a la jolie piscine, le restaurant et une salle d'exercices. Lieu idéal pour les clients argentés qui cherchent le calme et la tranquillité près de la mer.

CIRCUIT I : AU NORD DE MIAMI

Miami Lakes

Le **Don Shula's Hotel & Golf Club** *(210$-1 200$; ≡, ⊘, ℛ, ≈; 15255 Bull Run Road Main St., FL 33014, ☎820-8190, ⇒820-8071)* est un complexe hôtelier résolument luxueux qui appartient à l'ancien coach des Dolphins de Miami. Un centre de conditionnement physique, des courts de tennis, deux terrains de golf, deux piscines et deux restaurants font partie des services et des installations offerts à la clientèle. Toutes les chambres, vastes et lumineuses, s'ouvrent sur un balcon.

Hollywood

Situé entre Fort Lauderdale et Miami, le **Hollywood Beach Resort** *(70-150; 101 North Ocean Drive; ≡, ≈; ☎954-921-0990 ou 800-331-6103, ⇒920-9480)* propose des studios et des suites pouvant accueillir jusqu'à quatre personnes. Certains comprennent des canapés-lits et un four à micro-ondes, mais tous sont équipés d'une cuisinette et d'un frigo. Une piscine se trouve à l'arrière de l'établissement à deux pas de la plage. Son rez-de-chaussée débouche sur un centre commercial et sur un petit magasin où l'on peut effectuer ses emplettes. De plus, une salle de cinéma se dresse devant l'hôtel. Il s'agit d'un bon rapport qualité/prix.

Situé à un coin de rue de la plage, le **Clarion Hotel** *(80-170; ℛ, ≈, bp, tvc; 4000 S. Ocean Drive, FL 33019, ☎954-458-1900 ou 800-329-9010 ⇒458-7222)* loue 310 chambres confortables mais plutôt banales. Toutes comprennent un frigo, un cafetière, une planche et un fer à repasser.

The Diplomat est littéralement en train de renaître de ses cendres. En effet, les propriétaires ont tout simplement décidé de raser leur hôtel afin de le remodeler de façon à rendre ses installations plus modernes, plus chics et plus raffinées. Les travaux devraient être achevés pour l'an 2000.

Fort Lauderdale

HÉBERGEMENT

The International House *(17$; bc; 3811 North Ocean Blvd, FL 33304, ☎568-1615)* conviendra aux voyageurs désargentés à la recherche d'un gîte frugal. En effet, cette auberge de jeunesse loue des lits modestes en dortoir.

Le **Shell Motel** *(40-110; bp, tvc; 3030 Bayshore Drive. FL 33304, ☎954-463-1723, ≈462-7348)* constitue une option économique pour la région. Au total, on dénombre 22 chambres simples dotées d'un coffret de sécurité. Certaines sont équipées d'un frigo, d'un four à micro-ondes et d'une cafetière.

La Casa Del Mar *(100-135 pdj; bp, tvc, ≈, ℜ; 3003 Granada St., FL 33304, ☎954-467-2037, ≈467-7439)*, un charmant *bed and breakfast* aux allures Art déco, est située à deux pas de la plage. Certaines chambres comprennent une cuisinette et un four à micro-ondes. Un plantureux petit déjeuner vous est servi sous l'ombrage des parasols au sein d'un jardin bucolique. Des chambres pour non-fumeurs sont aussi disponibles.

Tous ceux qui veulent loger loin du tohu-bohu de la plage peuvent se diriger vers le **Riverside Hotel** *(110-250; 620 E. Las Olas Blvd, ☎954-467-0671, ≈462-2148, riverside hotel@worldnet.att.net)*, qui affiche une jolie façade habillée de vieilles fenêtres qui s'ouvrent. Les chambres sont correctes, propres et tranquilles, tandis que le personnel est fort sympathique.

Le **Sheraton Yankee Trader Beach Resort** *(110-200; bp, tvc, ℜ; 321 North Atlantic Blvd, FL 33304, ☎954-467-1111, ≈467-0100)* loue environ 460 chambres convenables mais sans surprises.

Le **Marriott's Harbour** *(150-350; tvc, bp, ℜ; 3030 Hollywood Drive, ☎954-525-4000, ≈766-6152)* représente dignement cette chaîne d'hôtels internationale avec ses chambres lumineuses et spacieuses dont la plupart ont vue sur la mer.

The Hilton Fort Lauderdale Airport *(175-350; bp, tvc, ≈, ℜ; 1870 Griffin Road, Dania Beach, ☎954-920-3300 ou 800-HILTONS, ≈920-3348)* propose 388 chambres confortables et spacieuses. Situé sur la route I-95 près de l'angle de la route I-595, cet établissement se trouve à moins de 10 min de l'aéroport de Fort Lauderdale et tout près du Greater Fort Lauderdale Convention Center.

 CIRCUIT K : PRÈS DE L'AÉROPORT DE MIAMI

Le **Doral Golf Resort & SPA** *(210$-1 200$; ≈, ⊘, ℜ, ≈; 4400 NW. 87th Ave., FL 33178, ☎592-2000, ≠594-4682)* incarne le luxe et l'élégance. Cet établissement fut récemment rénové afin de rafraîchir les chambres et conférer plus de raffinement à ses installations. Entouré de 650 acres (260 ha) de terrain, ce palace représente une option paisible à l'intention de ceux et celles qui souhaitent loger près de l'aéroport de Miami tout en se dorlotant dans le faste et l'opulence. L'hôtel s'enorgueillit de recevoir annuellement le tournoi de golf Doral Ryder. S'il vous reste du temps, allez-donc vous entraîner dans la salle d'exercices ou frapper des balles sur l'un des courts de tennis.

RESTAURANTS

Les restaurants de Miami n'ont absolument rien à envier à ceux des autres grandes villes nord-américaines ou européennes. Grâce au climat tropical qui règne en Floride, à la proximité de la mer et à l'arrivée massive d'immigrants d'origine ethnique différente, les menus affichés par beaucoup de restaurants de cette ville cosmopolite s'inspirent de traditions culturelles et culinaires extrêmement variées, ce qui permet à bon nombre de leurs chefs de mitonner toutes sortes de combinaisons possibles, en rejetant bien des a priori et sans même se laisser rebuter par certaines incohérences. Cette approche particulière suscite bien des audaces culinaires et produit à la longue de nombreuses et surprenantes créations. Bref, que vous soyez à la recherche de mets italiens, thaïlandais, vietnamiens, français, méditerranéens, japonais, cubains, mexicains, péruviens, argentins ou d'un mélange subtil de plats exotiques, vous trouverez sûrement, tenez-vous-le pour dit, de quoi délecter vos papilles gustatives. Toutefois, en dépit de toutes leurs variétés et subtilités, les menus des restaurants de Miami sont fortement influencés par la quantité phénoménale de poissons et de crustacés qui folâtrent dans les eaux chaudes et particulièrement poissonneuses de l'océan Atlantique.

De plus, culture locale oblige, la carte affichera presque toujours un morceau de steak bien juteux. En effet, cette viande de prédilection des carnivores fait indéniablement partie du patrimoine culinaire des Américains et tient une place importante dans la diète de la population locale. Parmi les spécialités de la région, mentionnons le crabe de roche (servi uniquement de la mi-octobre à la mi-mai) et les queues d'alligator.

Végétariens

Peu d'établissements sont voués à promouvoir et à préparer exclusivement les délices de la cuisine végétarienne. Si vous suivez un régime macrobiotique, aussi bien vous le dire tout de suite, vous n'aurez pas l'embarras du choix et vous risquez sûrement de trouver votre séjour long et ennuyant. Toutefois, si vous adoptez un régime à base de produits laitiers et de poissons, vous serez sans nul doute comblé.

Comment s'habiller?

La plupart des restaurants chics exigent une tenue vestimentaire soignée. Bien que vous ne soyez pas obligé de porter un veston et une cravate, on vous suggère vivement de laisser votre t-shirt *I love Miami* à l'hôtel si vous prévoyez vous attabler dans l'un de ces établissements. Avis aux intéressés, le noir est la couleur branchée qui ne se démode jamais.

Pourboires

Sujet de conversation délicat, les pourboires font souvent l'objet d'éternels débats auprès des personnes concernées. En effet, les clients et le personnel ne semblent pas toujours s'entendre sur le montant d'argent à laisser. La situation à Miami n'est pas différente d'ailleurs. Grosso modo, un bon service signifie un bon pourboire. Les serveurs ont un salaire de base dérisoire et comptent généralement sur la générosité de vos pourboires afin de pouvoir subsister. En principe, si vous êtes en mesure de vous payer un repas dans un bon restaurant, vous êtes aussi en mesure de laisser un pourboire en conséquence, autour de 15% de l'addition avant taxes selon la qualité du service reçu. Faites toutefois attention avant de laisser automatiquement un pourboire, car certains restaurants l'incluent déjà au montant total de l'addition et vous laissent libre d'en rajouter davantage si vous jugez que le service fut exceptionnel.

Les établissements qui se distinguent

Les restos ouverts 24 heures sur 24

Les restos où l'on peut voir les *beautiful people*
(mannequins, vedettes de cinéma, starlettes)

Les restos végétariens

Les restos où l'on peut naviguer sur Internet

Les restos où l'on peut se délecter de mets aphrodisiaques

RESTAURANTS

RESTAURANTS PAR SPÉCIALITÉS CULINAIRES

Petit lexique gastronomique espagnol

almuerzo : déjeuner

café con leche : café au lait

café sin leche : café sans lait

café cubano : café cubain (très corsé)

camarones : crevettes

cena : dîner

ceviche : morceaux de poisson ou de crustacé qu'on laisse mariner dans un mélange de jus de citron et d'oignons. (Soyez prudent car le poisson peu cuit peut contenir des germes parasites plus ou moins dangereux pour l'appareil digestif.)

cerveza : bière

comida : nourriture

desayuno : petit déjeuner

empanadas : petits pâtés en croûte (maïs) cuits, fourrés aux oignons, au bœuf, au poulet, aux légumes ou au fromage.

jugo : jus

pescado : poisson

postre : dessert

vino : vin

RESTAURANTS

CIRCUIT A : SOUTH BEACH

L'**Einstein Bros Bagels** *($; Alton Road, angle 15th Street, ☎534-4003)* loge dans un décor plus que moderne et aéré, et propose des *bagels* coiffés de fromage à la crème et de saumon fumé à des prix frisant la frénésie.

 Il semble que chaque ville possède son petit restaurant typique où il fait bon satisfaire un petit creux matinal après une nuit occupée à festoyer. À South Beach, un lieu où les festivités ne manquent pas, c'est l'**Eleventh Street Diner** *($; 24 heures sur 24; 1065 Washington Ave., ☎534-6373)* qui tient ce rôle. Originalement construit par la Paramount Dining Car Co. en 1948, ce *diner* Art déco a été démonté puis transporté de Wilkes Barre, en Pennsylvanie, où il était en activité depuis 44 ans, pour être reconstruit pièce par pièce à South Beach en 1992. Vous pourrez y boire des *coladas* (café express cubain servi dans de grandes tasses) pour vous redonner de l'énergie, ou encore y manger du poulet frit, la spécialité de l'endroit. À 7,95$ pour un demi-poulet, c'est une aubaine qu'il ne faut pas manquer.

Avec un nom tel que **Java Junkies** *($; 1446 Washington Ave., ☎674-7858)*, il ne faut pas s'étonner de rien. Café cubain, café *latté*, café glacé, café express, et encore du café pour tous les goûts pour bien débuter la journée.

Le **Kafka's Kafé** *($; 1464 Washington Ave., angle 15th Street, ☎673-9669)* est à la fois un cybercafé décontracté et une librairie de livres d'occasion qui attire une foule jeune et bigarrée. L'endroit est idéal pour envoyer et recevoir du courrier électronique ainsi que pour siroter un café tout en naviguant sur Internet. Bien sûr, on vous facture votre temps d'utilisation. Prévoyez débourser 3$ pour 15 minutes d'utilisation, 5$ pour

RESTAURANTS

30 minutes ou 9$ pour une heure. Il y a des frais additionnels de 0,50$ pour chaque feuille imprimée.

La Provence *($; 1627 Collins Ave., ☎538-2406)* est une petite pâtisserie française qui prépare tous les jours un délicieux assortiment de viennoiseries pour calmer une petite fringale à toute heure de la journée. Quelques tables sont disponibles pour ceux et celles qui veulent s'arrêter et déguster sur place une quiche, un sandwich ou une salade maison tout en sirotant un café au lait.

Pour remplir rapidement votre estomac sans vider votre porte-monnaie, **Le Sandwicherie** *($; 229 14th Street, entre Collins et Washington Ave., ☎532-8934)* propose un choix d'énormes et alléchants sandwichs en tout genre pour environ 5$: végétarien, jambon, poulet, etc. L'endroit est sans prétention et ouvre ses portes dès 10h le matin pour ne les fermer qu'à 5h le jour suivant.

Il n'y a aucune ambiguïté pour qui s'avise d'aller dans le meilleur restaurant végétarien de South Beach, **Naked Earth** *($; 9th Street, angle Washington Ave., ☎531-2171)*. Ce charmant et sympathique restaurant non-fumeurs arbore des planchers de bois franc vert et est garni de meubles et d'objets Art déco. Il y a toujours un menu du jour économique, mais vous pouvez aussi opter pour un «végé-burger», une salade maison, un sandwich à l'humus, un jus de fruits frais ou un lait frappé onctueux à base de lait de soya. Le service est souriant et l'ambiance, détendue.

◇ RESTAURANTS

1. A Fish called Avalon
2. All Star Cafe
3. Astor Place
4. Balans
5. Bang
6. Blue Door
7. Bocca di Rosa
8. C & P House
9. Cafe Mosaic
10. Caffe Sambuka
11. Chalan
12. China Grill
13. Chrysanthemum
14. Clevelander
15. Einstein Bros Bagels
16. El Viajente Secundo
17. El Rancho Grande
18. Eleventh Street Diner
19. Farfalla
20. Grillfish
21. Java Junkies
22. Joe's Stone Crab
23. Johnny V
24. Kafka's Kafé
25. L'Entrecôte de Paris
26. La Provence
27. Le Sandwicherie
28. Le Café de France
29. Les Deux Fontaines
30. Macarena
31. Maiko Japanese Restaurant & Sushi Bar
32. Mango's Tropical Cafe
33. News Cafe
34. Nemo
35. News Cafe
36. News & Tobacco
37. Osteria del Teatro
38. Paninnoteca
39. Pita Palace
40. Pizza Rustica
41. Puerto Sagua
42. Smith and Wollensky
43. South Beach Brasserie
44. Spiga
45. Sport Cafe
46. Sushi Rock Cafe
47. Tantra
48. Thai House
49. Thai Toni
50. The Bagelry
51. The Bagel Factory
52. The Strand
53. Toni's Sushi Bar
54. Van Dyke Cafe
55. World Resources
56. Yuca
57. Zana

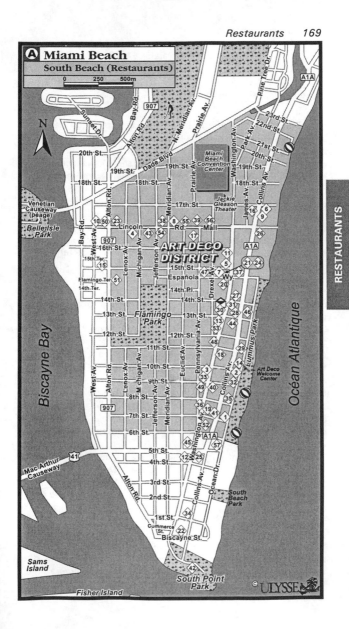

Décoré sans artifice, le **Pita Palace** *($; 607 Lincoln Road,* ☎538-3734) conviendra aux visiteurs qui sont à la recherche de nourriture cachère à petit prix. Idéal pour casser la croûte avant de poursuivre son chemin.

🦐 Trois ans seulement après son ouverture en 1996, le sympathique petit restaurant **Pizza Rustica** *($; 863 Washington Ave., angle 9th Street,* ☎674-8244) a déjà reçu un concert d'éloges de la part de la population locale. L'établissement se spécialise dans les pizzas de style européen à croûte mince et croustillante, servies sur des plateaux «sur-dimensionnés». La pizza étendard (du même nom que le restaurant) inclut des cœurs d'artichauts, des tomates, des olives noires, du fromage et du *prosciutto*. Une autre pizza intéressante est la *Fungi* (garnie de trois types de champignons). L'endroit est exigu et souvent bondé, mais il est possible de s'asseoir à sa terrasse ou d'emporter sa commande.

Hors des sentiers battus, **The Bagel Factory** *($; 1427 Alton Road,* ☎674-1577) ouvre ses portes tout les jours dès 5h30 pour préparer des *bagels* frais sans œuf. Sachez que l'établissement ferme toutefois à 15h. Seulement trois petites tables sont alignées au mur face au comptoir afin de vous permettre de manger sur le pouce tout en buvant un bon jus de fruits.

Si vous souhaitez grignoter un *bagel* avant de poursuivre votre chemin, arrêtez-vous au petit restaurant **The Bagelry** *($; 1223 Lincoln Road,* ☎531-9877). Le local minimaliste ne paie guère de mine, mais les *bagels* sont bons et économiques.

Rendez-vous incontournable des amateurs de sport, le bar du **Clevelander Hotel** *($-$$; 1020 Ocean Drive,* ☎531-3485) possède une dizaine de téléviseurs qui diffusent l'événement sportif de l'heure sous les tintements de vaisselle et des éclats de voix des convives qui avalent hamburgers, frites, ailes de poulet, filets de poisson et bières froides.

Situé juste au sud de l'activité commerciale de Lincoln Road, dans un endroit où ne s'aventureront qu'au hasard les pas d'un touriste, **El Rancho Grande** *($-$$; 1626 Pennsylvania Ave.,* ☎673-0480) est un petit restaurant mexicain. Il loge dans un local décoré sans artifice et attire une clientèle tout azimut à la recherche d'un bon repas mais qui ne veut pas dépenser une fortune.

🦐 Le local tout en longueur du **Johnny V** *($-$$;1671 Lincoln Road, angle Alton Road, ☎534-0815)* exulte une atmosphère à la fois confortable et détendue qui attire une clientèle jeune et fringante cherchant à se rassasier de hot-dogs, de *burritos*, de crème glacée maison ou des plats du jour dont les prix sont maintenus à un niveau très acceptable.

Suivez les rythmes répétitifs qui battent la mesure des airs de salsa et de meringue pour arriver au **Mango's Tropical Cafe** *($-$$; 900 Ocean Drive, angle 9th Street, ☎673-4422)*, où des danseuses sexy se déhanchent au son tonitruant de cette musique latine pour attirer les clients potentiels. La carte est secondaire à l'environnement sonore et visuel, mais on peut y manger convenablement à des prix raisonnables. Pizzas, ailes de poulet et poissons noircissent le menu.

Pour manger dans un *diner* sans la moindre prétention, le **Puerto Sagua** *($-$$; 700 Collins Ave., angle 7th Street, ☎673-1115)* est l'adresse à retenir. Cet établissement parvient de plus à défier le poids des années grâce à une formule de bon aloi : petits déjeuners économiques, plats simples mais consistants et du café cubain corsé pour ceux et celles qui ne craignent pas d'entamer la journée avec des battements de cœur rapides. On ne vient pas ici pour le décor, mais mentionnons tout de même la peinture murale intéressante en relief de la deuxième salle à manger qui représente la ville de La Havane.

Face à l'Art Deco Welcome Center, **The All Star Cafe** *($-$$; 960 Ocean Drive, ☎604-1999)* est un bar-restaurant sportif où l'on vient pour manger sans façon et regarder un match de football, de baseball ou de hockey selon la saison.

🦐 Le café-terrasse **Balan's** *($$; 1022 Lincoln Road, angle Lennox, ☎534-9191)* appartient à des intérêts britanniques qui possèdent un établissement semblable à Londres. Sa terrasse attire les foules décontractées qui aiment deviser sur les aléas de la vie tout en sirotant un café ou en grignotant une bouchée. Le menu affiche des repas légers qui changent selon l'inspiration du jour, mais qui sont drôlement appétissants et tarifés à des prix tout à fait corrects. L'intérieur est moderne et peut être bruyant aux heures d'affluence, mais le service est toujours sympathique.

Le restaurant **Bang** *($$; 1516 Washington Ave., angle 15th Street, ☎535-1012)* prépare de délicieuses pizzas croustillantes cuites dans un four à bois, mais des pâtes non moins alléchantes font aussi partie du menu. De vieilles mappemondes ornent les murs, et de grosses tables en bois confèrent au décor chaleur et simplicité. Le service est affable.

Situé sur le tronçon de rue le moins développé de Lincoln Road, le **Caffe Sambuka** *($$; 1233 Lincoln Road, ☎532-2800)* abrite deux petites salles à manger aux murs peints de couleurs jaune pastel et rehaussés de boiseries. La carte propose des plats de saumon grillé ou de calmar frit. Idéal pour un tête-à-tête intime.

🦐 Non loin du Balans (voir ci-dessus), un autre café-resto digne de mention se dresse sur Lincoln Road : la **C & P House** *($$; 741 Lincoln Road, ☎604-9690)*. Dans un local feutré, des tables s'articulent autour du bar dans un environnement chaleureusement rehaussé de boiseries. De plus, on y vend bon nombre de cigares de qualité à l'arôme raffiné. Il s'agit d'un lieu tout choisi pour grignoter un brin, siroter un café corsé ou fumer tranquillement un *Davidoff*.

🦐 En toute honnêteté, peu de gens s'arrêtent devant la façade un peu vétuste du restaurant **Chalan** *($$; 1580 Washington Ave., angle 16th Street, ☎532-8880)*. La plupart de ceux qui jettent un coup d'œil à l'intérieur quittent rapidement les lieux, mais ceux qui osent pousser la porte de ce restaurant péruvien sans prétention seront sans nul doute ravis. Dans un décor qui ne paie pas de mine, on déguste de savoureux *ceviches* merveilleusement bien épicés ainsi que d'autres spécialités péruviennes comme le *lomo saltado* ou les *chicharones*. La mer étant à proximité, les patrons sont parvenus à faire renaître ici, à South Beach, une petite partie du riche patrimoine culinaire péruvien.

Le **Chrysanthemum** *($$; 1256 Washington Ave., ☎531-5656)* vaut définitivement le déplacement si vous voulez vous offrir de savoureux mets chinois préparés avec originalité mais qui ne grèveront pas votre budget. Les assiettes fumantes sont toujours fraîches et parviennent à émoustiller l'appétit des convives grâce aux effluves orientaux qui émanent de la cuisine.

Si le confort et le décor ne sont pas des critères de choix pour vous rassasier en moins de deux, le *diner* cubain **El Viajente Secundo** *($$; 1676 Collins Ave., ☎534-2101)* fera sans doute l'affaire. Situé face à l'hôtel The National, cet établissement sans prétention propose des assiettes honnêtes à des prix raisonnables. Les petits déjeuners sont économiques.

Petit restaurant décoré sans artifice, le **Farfalla** *($$; 701 Washington Ave., ☎673-2335)* se spécialise dans la préparation de plats italiens. La carte affiche aussi des mets regroupant pâtes et poissons, et elle change parfois au gré des arrivages mais parvient toujours à proposer un plat qui vous conviendra.

Originalement un simple kiosque à journaux où l'on vendait du café et des glaces, le **News Cafe** *($$; 24 heures sur 24; 800 Ocean Drive, angle 8th Street, ☎538-6397, www.newscafe. com)* est désormais considéré comme un établissement culte de South Beach qui rime avec des mots comme «branché», *cool*, *in* et *fashionable*. Sous les parasols de son immense terrasse, les touristes perplexes regardent déambuler sur Ocean Drive la faune racée qui s'y donne en spectacle, tandis que les starlettes prennent la pose en grillant une cigarette et que les habitués lisent un journal tout en étirant un énième café sous le regard amusé des passants. Ouvert jour et nuit depuis plus de 10 ans, ce café attire en effet une foule cosmopolite qui veut voir et se faire voir. Il n'y a pas de grandes surprises au menu, mais c'est sans doute sans importance pour ce genre de clientèle. Mentionnons toutefois que les desserts maison sont savoureux. À l'intérieur, des horloges fixées au mur indiquent l'heure de grandes villes à la mode comme Paris, Londres, Tokyo, Rome, Buenos Aires et Los Angeles. Les propriétaires exploitent aussi une petite boutique adjacente au café qui vend des journaux, des magazines, des livres ainsi que des lunettes de soleil, de la crème solaire et plein de souvenirs.

Au **Sport Cafe** *($$; 538 Washington Ave., entre 5th Street et 6th Street, ☎674-9700)*, les pâtes fraîches sont indéniablement la spécialité de la maison et les plats qu'on y sert sont toujours savoureux. Le service est familial, le décor, on ne peut plus simple, la télévision retransmet souvent des matchs de *fútbol* et les prix sont corrects. Excellent rapport qualité/prix.

Si vous êtes friand de tofu et de mets thaïlandais, dirigez-vous vers la **Thai House** *($$; 1137 Washington Ave., ☎531-4841)*. En effet, les plats à base de tofu sont merveilleusement bien apprêtés et bien relevés. Le menu propose aussi tous les classiques de la cuisine thaïlandaise pour les convives qui préfèrent de bœuf, de poulet ou de poisson.

🦐 Des chandelles à la flamme vacillante déposées çà et là sur les tables et dans des recoins aménagés pour l'intimité distillent une atmosphère romantique et élégante qui est la marque distinctive du **Thai Toni** *($$; 890 Washington Ave., angle 9th Street, ☎538-8424)*. Sous l'œil bienveillant de Bouddha, la cuisine prépare d'alléchants plats arrosés de lait de coco et assaisonnés de cari qui transportent immédiatement votre palais en Asie du Sud-Est. Le service est agréable et empressé, et les aliments sont toujours d'une indéniable fraîcheur.

🦐 À la fois branché et bohème, le **Van Dyke Cafe** *($$; 846 Lincoln Road, angle Jefferson Ave., ☎534-3600)* appartient aux mêmes propriétaires que le News Cafe (voir p 173). Ce n'est donc pas une surprise de constater que le menu propose sensiblement la même chose que son confrère d'Ocean Drive et qu'il attire grosso modo le même genre de clientèle. Sa terrasse ombragée vous permet d'observer le va-et-vient quotidien de Lincoln Road derrière vos verres fumés tout en sirotant un café express bien corsé. Un élément distingue cependant le Van Dyke Cafe : son deuxième étage où se tiennent des spectacles de jazz (voir p 204) chaque soir.

🦐 Curieux petit restaurant, le **World Resources** *($$; 719 Lincoln Road, entre Euclid et Meridian Ave., ☎673-5032)* sert une cuisine hybride dans un décor encombré qui évoque une boutique d'antiquaire. En effet, l'intérieur est meublé de plusieurs antiquités qui semblent provenir d'Indonésie, d'Inde et d'autres pays asiatiques. Certains objets sont même à vendre : avis aux intéressés. La carte propose des *sushis*, du poulet, du poisson *teriaki* ainsi que quelques plats végétariens tels que le tofu frit ou les légumes sautés avec des nouilles et nappés d'une sauce au sésame. Des bières importées et un bon choix de vins figurent aussi sur le menu. Atmosphère bohème et foule bigarrée.

Vous le soupçonniez peut-être déjà et vous aviez raison : le menu du restaurant **A Fish called Avalon** *($$-$$$; 700 Ocean Drive, ☎538-0133)* est principalement axé sur les poissons et les crustacés. La nourriture est toujours fraîche et sa terrasse se prête bien à un déjeuner ou un dîner et à un coup d'œil sur Ocean Drive. Le service est sympathique.

🦐 Pour se délecter d'une fine cuisine méditerranéenne hautement acclamée, on vous conseille vivement de vous diriger vers le restaurant de l'Ocean Front Hotel (voir p 146), **Les deux Fontaines** *($$-$$$; 1230 Ocean Drive, ☎672-2579)*. Le menu semble s'être fixé par la mission d'enjôler vos papilles gustatives. En effet, il regorge de suggestions allant de l'entrée de *ceviche*, en passant par les grillades classiques, jusqu'aux pâtes nappées de fruits de mer, sans oublier les prises fraîches du jour ainsi qu'un bon choix de vins et de spiritueux. En choisissant une table sur sa terrasse, vous aurez une vue intéressante sur l'activité fourmillante d'Ocean Drive. Le personnel multilingue est avenant.

Le **Bocca di Rosa** *($$-$$$; 429 Espanola Way, ☎534-3737)* sert une bonne cuisine italienne et propose des plats comme le tartare de saumon, le veau *a la milanesa* et des pâtes maison. Pour clore le repas de façon rafraîchissante, optez pour l'un des délicieux sorbets maison. Les soirées sont animées par des musiciens aux styles variés et exotiques, comme le guitariste avec l'harmonica accroché au cou ou le groupe de danseurs-musiciens de flamenco.

Le restaurant de l'hôtel The National (voir p 147), le **Cafe Mosaic** *($$-$$$; 1677 Collins Ave., ☎532-2311)*, fait le bonheur des personnes appréciant déguster d'alléchants plats dans son atmosphère restituant admirablement bien les années quarante. La carte affiche des plats tels que le pâté de foie gras et le risotto aux fruits de mer assaisonné d'une subtilité d'épices des Caraïbes. La salle à manger est décorée avec différents meubles, bibelots ou objets Art déco, comme le tableau intitulé *Woman in White Gloves* de Tamara de Lempicka. Les convives qui préfèrent manger à l'air libre peuvent s'attabler sur la terrasse pour bénéficier d'une vue splendide sur la piscine bordée de palmiers. Le service est courtois et attentionné. Adjacent au resto, le bar est populaire le vendredi durant le *happy hour*.

Une délicieuse odeur de poisson grillé flotte dans l'air dès qu'on entrouvre la porte du **Grillfish** *($$-$$$; 1444 Collins Ave., angle Espanola Way, ☎538-9908)*. Dans un décor où se mélangent le métal et le gothique, attablez-vous pour déguster parmi la pléiade de poissons qui figurent sur le menu celui que vous choisirez, apprêté selon vos préférences et à des prix fort corrects. Demandez au serveur les plats du jour.

Le menu du petit restaurant **Le Café de France** *($$-$$$; 227 13th Street, entre Washington et Collins Ave., ☎672-8169)* est assez restreint, mais il recèle certains fleurons de la cuisine française : crevettes provençales, salades niçoises, quiches lorraines et, bien sûr, d'énormes steaks au poivre. Le local est intime et des airs connus de la musique française ajoutent au pittoresque et à l'ambiance conviviale de la soirée.

🛥 N'hésitez pas à pousser la porte de **L'Entrecôte de Paris** *($$-$$$; 413 Washington Ave., entre 4th Street et 5th Street, ☎673-1002)* si vous êtes à la recherche de spécialités françaises. Ce petit mais sympathique restaurant prend des allures de bistro français sans prétention et sert à ses clients tous les classiques de l'Hexagone à des prix qui ne malmèneront pas trop leur budget.

Le nom du restaurant espagnol **Macarena** *($$-$$$; 1334 Washington Ave., ☎531-3440)* peut en requinquer plus d'un, mais soyez sans crainte, car il ne correspond nullement à l'idée de la chanson éponyme d'une génération perdue qui envahissait naguère les ondes radio et les discothèques. On y sert une délicieuse paella et un bon choix de tapas. De plus, des spectacles de musique flamenco y sont donnés régulièrement du jeudi au dimanche soir.

🛥 De biais avec le bureau de poste, le **Maiko Japanese Restaurant & Sushi Bar** *($$-$$$; 1255 Washington Ave., entre 12th Street et 13th Street, ☎531-6369)* s'est taillé une place de choix à South Beach grâce à des plats sans surprise, mais diablement alléchants et bon marché, et grâce aussi à son bon service.

Le restaurant de l'hôtel Impala (voir p 146), **Spiga** *($$-$$$;1228 Collins Ave., ☎534-0079)*, mitonne une délicieuse cuisine italienne raffinée où les ingrédients frais du jour se mélangent avec élégance et originalité. Tous les classiques figurent sur le menu et le service fait preuve d'une grande courtoisie. Ce restaurant sobre, chic et feutré convient merveilleusement pour un dîner d'affaires ou un tête-à-tête.

🦐 Êtes-vous à la recherche d'un brin de folie et en même temps d'une cuisine hybride, raffinée, aux saveurs et parfums quelque peu exotiques, capables d'émoustiller tous vos sens? Si oui, **Tantra** *($$-$$$; 1445 Pennsylvania Ave., ☎672-4765)* s'est organisé pour répondre à cette demande et cherchera à mettre en émoi votre sensualité, grâce à un environnement tout à la fois sonore, visuel, olfactif et tactile très particulier qui ne vous laissera certainement pas indifférent, et qui se combinera à des créations culinaires uniques pour charmer et flatter tous vos sens. En effet, dès qu'on franchit le seuil de cet établissement, on constate qu'on vient de marcher sur un moelleux tapis de gazon et qu'une subtile odeur de jasmin flotte dans l'air. Pour couronner le tout, une douce musique baigne les lieux, tandis que des danseuses du ventre se donnent en spectacle et que des serveuses vous font battre la chamade en se glissant discrètement entre les tables des convives, afin que tout concourt à vous laisser aller à ce vrai festival des sens.

Top-modèles, artistes de renom et gens d'affaires importants affluent au restaurant **The Strand** *($$-$$$; 671 Washington Ave., ☎532-2340)*. Le décor se compose de meubles stylisés, de grands miroirs et de chandelles à la flamme vacillante déposées sur les tables, tandis que le personnel souriant est briqué comme un sou neuf. Le menu est typiquement américain, convenable mais sans surprise. Après le dîner, le resto se transforme en *lounge* (voir p 203).

🦐 En consultant le menu du **Sushi Rock Cafe** *($$-$$$; 1351 Collins Ave., entre 13th Street et 14th Street, ☎532-2133)*, on saisit rapidement la signification du nom du restaurant. Tous les menus sont en effet imprimés sur des pochettes d'albums de musique rock et affichent évidemment les classiques de la cuisine nipponne : *sushi, tempura, teriaki*. Sachez que le niveau élevé des décibels mêlé à celui des conversations rythmées peut rendre l'endroit très bruyant et vous incommoder quelque peu si vous êtes à la recherche d'un endroit intime. Néanmoins, le service est attentionné.

L'étoile de **Toni's Sushi Bar** *($$-$$$; 1208 Washington Ave., angle 12th Street, ☎673-9368)* n'a pas pâli depuis son inauguration, il y a un peu plus de 10 ans déjà. Son menu continue d'énumérer des plats de *sushi*, de *sashimi* et de *tempura* qui font toujours honneur à la cuisine japonaise. Si le menu du jour ne vous tente guère, libre à vous de créer vos propres combinaisons ou d'opter pour un plat de poulet ou de bœuf *teriaki*.

Zana *($$-$$$; 720 Ocean Drive, ☎674-8200)*, resto du Beacon Hotel (voir p 145), centre son menu sur la cuisine méditerranéenne. La terrasse est très fréquentée par ses clients fidèles qui viennent se sustenter de plats de pâtes, de viande, de poulet et de poisson.

Les nombreuses créations culinaires surnommées *Caribbean Cowboy Cuisine* qui figurent sur le menu du restaurant de l'hôtel Astor (voir p 144), l'**Astor Place** *($$$; 956 Washington Ave., angle 10th Street, ☎672-7217)*, ne vous décevront pas. On vous suggère le curry de poulet fumé, mais le personnel souriant et dévoué se fera un plaisir de vous expliquer les autres subtilités de la carte.

🚢 Au réputé restaurant **Nemo** *($$$; 100 Collins Ave., angle First Street, ☎532-4550)*, calmar frit, curry de canard, agneau désossé et beaucoup de poissons préparés sous des formes inventives et présentés de façon quasi artistique composent le menu. Artistes, top-modèles et gens d'affaires fréquentent assidûment cet établissement branché au mobilier métallique à l'allure Art déco.

🚢 "*Welcome to China Grill!*" *($$$; 404 Washington Ave., angle 5th Street, ☎534-2211)*, vous dira-t-on à l'entrée d'un des restaurants les plus étincelants de South Beach où les célébrités de passage ne manquent pas de venir briller par leur présence. Impossible de ne pas river ses yeux sur son extérieur en raison de son immense tour illuminée par des néons multicolores lui conférant des allures de réacteur nucléaire sur le point d'entrer en phase critique. En soirée, l'atmosphère qui y règne s'apparente davantage à celle d'un night-club qu'à celle d'un restaurant à cause de la musique tonitruante qui parvient tout juste à rivaliser avec les conversations rythmées des clients. La salle à manger est animée par une cohorte de serveurs se faufilant habilement entre les tables occupées par des gens d'affaires, par des starlettes ou par des personnalités du monde artistique. La cuisine y est décrite comme étant asiatique-française-éclectique, ce qui signifie que le chef Efhraim Kadish remanie régulièrement un menu ayant remporté de nombreux prix et mitonnant un large éventail de plats originaux suivi de desserts risquant d'en induire plus d'un dans un coma hypogly-cémique. Les portions sont généreuses et généralement servies sur une gigantesque assiette disposée au centre de la table dans laquelle les convives peuvent piger. Mieux vaut bien garnir votre porte-feuille de billets verts et réserver à l'avance si vous comptez dîner ici après 21h.

Difficile de passer sous silence le nom du restaurant **Joe's Stone Crab** *($$$; fermé mi-mai à mi-oct; 227 Biscayne Street, entre Collins et Washington Ave., ☎673-0365)*. Depuis son ouverture au tout début du XXᵉ siècle et au dire de ses clients réguliers, la qualité des aliments qu'on y sert n'a jamais fléchi. Évidemment, se rendre ici et commander autre chose que des pattes de crabe de roche est un peu comme se rendre dans un *steak house* pour y demander un plat de tofu et de légumes sautés. Mis à part les pattes de crabe de roche, des plats de poisson et crustacés variés tels que les crevettes, les huîtres, le saumon et le homard noircissent le menu, et tous sont apprêtés délicieusement, tandis que le steak ou les côtelettes de porc sauront satisfaire les carnivores irréductibles. Le décor est chaleureux et élégant, mais la longueur des files d'attente atteste la popularité de cette institution locale à certains jours; aussi est-il préférable de ne pas s'y rendre à l'improviste et de réserver sa table à l'avance. Évidemment, les prix sont en conséquence.

Le célèbre restaurant new-yorkais **Smith & Wollensky** *($$$; 1 Washington Ave., South Pointe Park, ☎673-2800)* s'est installé à Miami et vous convie à un dîner où le gigantisme est de mise dans un environnement au panorama saisissant. Cet établissement a gardé les mêmes couleurs le vert et le blanc, et la même façade architecturale qu'à Manhattan, ainsi que la même qualité et la même fraîcheur des aliments qu'on y sert, mais on doit avouer que la vue à South Beach est beaucoup plus intéressante que celle qu'offre la 49ᵉ Rue de New York. Le carnivore qui sommeille en vous pourra y déguster des portions pantagruéliques de filet de surlonge, de *t-bones* et de pattes de crabe de roche (en saison seulement) préparées à la perfection, si tant est que vous ayez suffisamment d'appétit pour pouvoir les apprécier. Pour tomber dans l'extase, goûtez aux desserts, véritables chefs-d'œuvre de l'art culinaire qui fondent dans la bouche. Les amis de Bacchus ne seront certainement pas déçus par la longue liste de vins de qualité qui figurent sur la carte. Vous aurez ensuite le loisir de vous retirer au bar extérieur pour siroter une bière froide et fumer un cigare; rafraîchi par les ventilateurs, vous admirerez depuis votre observatoire privilégié le passage des bateaux à l'extrémité sud de la péninsule de Miami Beach. Le service est courtois, empressé et sans faille. Dernier petit conseil, prévoyez faire une petite balade après le repas.

Propriété de l'acteur anglais Michael Caine, la **South Beach Brasserie** *($$$; 910 Lincoln Road, angle Jefferson Ave., ☎534-5511)* arbore un chaleureux et élégant décor qui invite bon nombre de ses clients de passage à prolonger la conversation ou la discussion qu'ils y ont entamée. La carte énumère des créations culinaires américaines et internationales à base de bœuf, pâtes, poissons et crustacés. Le service est courtois et attentionné.

Le restaurant de l'hôtel Delano (voir p 148), le **Blue Door** *($$$-$$$$; 1685 Collins Ave., ☎672-2000)*, vient d'être pris en charge par l'équipe administrative du China Grill (voir p 178). Il se spécialise dorénavant dans les mets américains éclectiques (un terme cher aux penseurs en marketing du China Grill). Les serveurs sont désormais plus conviviaux, et la clientèle autrefois composée de mannequins anorexiques semble avoir cédé place à des individus d'apparence normale légitimement affamés. La cuisine d'influence française est sous la supervision du chef de renommée mondiale Claude Troigros et de son adjoint Marc Salonsky. Manger à l'intérieur vous fera bénéficier des décors fantasmagoriques propres au Delano, alors que des banquettes installées autour de la piscine se prêtent mieux aux tête-à-tête ou à l'observation des affrontements entre joueurs d'échecs sur des échiquiers géants issus de l'imagination étrange du designer Philippe Starck.

L'**Osteria del Teatro** *($$$-$$$$; 1443 Washington Ave., angle Espanola Way, ☎538-7850)* s'est forgé une réputation fort enviable dans les cercles d'amateurs de bonne cuisine de Miami en gardant très élevées les normes en matière de restauration gastronomique. D'ailleurs, ce n'est pas un hasard si cet établissement cumule honneur sur honneur et compte parmi les meilleurs restaurants de Miami se disputant pareille réputation. Certes, les tarifs pratiqués sont élevés, mais ils sont largement justifiés si vous êtes en mesure d'apprécier à sa juste valeur la fine cuisine italienne. Le local est assez exigu et offre une jolie vue grâce à des fenêtres panoramiques par où l'on embrasse d'un seul coup d'œil tout le coin de rue. Rares sont les clients qui ne se pâment pas de plaisir devant les merveilleuses recettes qui ont fait la réputation de la vieille Europe. La réservation de votre table est vivement recommandée.

 En espagnol, **Yuca** *($$$-$$$$; 501 Lincoln Road, angle Drexel Ave., ☎532-9822)* signifie «légume tropical». En décomposant le mot de façon plus subtile, on découvre qu'il veut également dire *Young Upscale Cuban American* o, si vous préférez, l'expression latino-américaine qui équivaut au mot «yuppie». En d'autres mots, on ne vient pas ici les poches vides. Dans un lumineux local moderne, goûtez donc à des plats à saveur hybride dont la préparation procède de la fusion entre la cuisine cubaine et la cuisine américaine. Évidemment, la vedette incontestée du menu est le *yuca* apprêtée sous différentes formes : *yuca* fourrée aux champignons sauvages ou poulet mariné grillé et servi avec couscous et *yuca*. Les vendredis et samedis soirs, pourquoi ne pas monter à l'étage vers 22h30 pour y applaudir la vedette cubaine à sensation qu'est Albita (voir p 204).

✕ CIRCUIT B : CENTRE ET NORD DE MIAMI BEACH

Fraîcheur, qualité et simplicité, telle semble être la devise du sympathique restaurant **The Oasis Cafe** *($-$$; 976 41st Street, angle Alton Road, ☎674-7676)*. Cet établissement voué à promouvoir la cuisine méditerranéenne prépare un large assortiment de mets qui plairont sans doute à tout le monde. Que ce soit le saumon grillé au gingembre accompagné de légumes et de riz brun ou le sandwich au tofu grillé au sésame et les légumes enroulés dans un pain pita, ou bien encore les entrées de *taztziki* ou d'épinards sautés à l'ail, chacun y trouvera quelque chose pour se rassasier à des prix plus que raisonnables.

Autre phare de nuit de Miami, le restaurant **Woolfie's** *($-$$; 2038 Collins Ave., ☎538-6)* est un *deli* typique qui reste ouvert 24 heures sur 24 et qui semble s'être figé dans le souvenir de 1947, soit l'année de son ouverture. L'intérieur est on ne peut plus simple, le service est affable et les portions de viande grillée sont gigantesques.

Ne vous fiez pas à la façade de **Yeung's** *($-$$; 954 41st Street, ☎672-0144)*, car cet endroit offre le meilleur service de de mets chinois (ou pour emporter) de tout Miami Beach. Peut-être un soir serez-vous trop fatigué pour aller dîner à l'extérieur sans avoir fait de réservation, ou simplement en aurez-vous marre du restaurant de votre hôtel, alors Yeung's viendra à votre rescousse. Le menu est varié au point de rendre le choix difficile, et la cuisine, contrairement à ce qu'on pourrait s'attendre à retrouver dans un restaurant «pour emporter», plaira au palais le plus fin : la carte affiche des classiques comme la soupe *wong tong*, les *egg rolls* et le poulet General Tao, mais aussi des ailerons de requin farcis avec du crabe et d'autres mets moins connus. On se fera aussi un plaisir d'accommoder vos demandes spéciales si besoin en est (pas de sel, pas de GMS, etc.).

S'il vous prend l'envie d'un dîner romantique un peu à l'écart de la cohue de South Beach, vous serez agréablement bien servi par le **Cafe Avanti** *($$; 732 41st Street, ☎538-4400)*. Ce restaurant italien en est désormais à sa 10ᵉ année d'existence et les patrons s'enorgueillissent d'avoir su établir une relation de respect amical avec leur clientèle. Le service est empressé et courtois; la cuisine, fine et délicate, est préparée avec une attention évidente. La liste des vins comporte une sélection intéressante de crus italiens ainsi qu'un choix de bières italiennes à essayer comme apéritif. Il y règne une atmosphère calme et feutrée qui se prête particulièrement bien au dîner en tête-à-tête.

Dans un registre supérieur, le **Crystal Cafe** *($$-$$$; 726 Arthur Godfrey Road, angle 41th Street, ☎673-8266)* est un autre restaurant qui joue admirablement bien la carte de la cuisine méditerranéenne en proposant des plats variés tels que le steak au poivre, l'osso-buco, les linguinis arrosés d'une sauce au vin rouge et la brochette de *mahi-mahi* aux oignons. Le service est courtois et empressé.

L'entraîneur des Dolphins de Miami a donné son nom à l'un des restaurants du chic hôtel The Eden Roc Resort & Spa (voir p 150), le **Jimmy Johnson's Steakhouse** *($$-$$$; 4525 Collins Ave., ☎531-0000)*. Bien sûr, la spécialité de la maison est le steak, mais le menu affiche aussi d'autres plats appétissants comme le poulet, les pâtes et la monstrueuse assiette de *nachos*. L'établissement fait aussi office de bar et bon nombre de personnes s'y rendent pour prendre un repas en écoutant le *Monday Night Football*. Le service est excellent.

Le Fontainebleau (voir p 151) compte 10 restaurants! Celui qu'on vous recommande est son **Steak House** *($$-$$$; 4441 Collins Ave., ☎538-2000)*, où l'on savoure un bon steak juteux dans une ambiance confortable et feutrée. Le service est avenant.

Le chic Bal Harbor Mall abrite quelques restaurants qui vous permettent de faire une halte avant de poursuivre vos courses. Le **Yasumuto Bistro** *($$-$$$)* propose une cuisine japonaise classique, le **Carpaccio** *($$-$$$)* prépare des fruits de mer et des pâtes maison, tandis que le **Black Rose** *($$-$$$)* sert du poulet et du bœuf grillés.

🐟 **Al Carbón** *($$$; 9701 Collins Ave., Bal Harbor, ☎865-7511)*, le restaurant argentin du Sheraton Bal Harbour Beach Resort (voir p 151), a acquis une excellente réputation, aussi bien auprès de la population locale que des visiteurs de passage. Évidemment, les grillades argentines sont à l'honneur et sont apprêtées dans une cuisine à aire ouverte afin d'être servies selon la cuisson demandée. Le décor se compose de chaises et de tables artisanales peintes à la main. Dans un autre restaurant de l'hôtel, le plantureux brunch du dimanche *($$; dim 12h15 à 15h)* est l'endroit tout choisi pour prendre ses aises et s'empiffrer des innombrables spécialités concoctées par les chefs. Attablez-vous près de la fenêtre, où la vue donne sur une jolie cascade aussi rafraîchissante que décorative, et dégustez un verre de champagne mélangé avec du jus d'orange; libre à vous, de surcroît, d'en redemander autant de fois que vous le désirez. Sushis, huîtres, pâtes, poulet, bœuf, agneau, poissons, salade grecque, œufs, saucisses, gâteaux et autres pâtisseries font partie du festin pantagruélique auquel vous êtes convié ici chaque dimanche.

RESTAURANTS

🛥️ **The Forge** *($$$-$$$$; 432 41st Street, entre Royal Palm et Sheridan Ave., ☎538-8533)* ressemble à un lieu de tournage d'un film de mafiosi avec ses miroirs rococo, ses plafonds hauts, ses murs lambrissés, ses vitraux colorés, son ambiance feutrée et ses chaises capitonnées de cuir où une clientèle élégamment drapée de noir et tirée à quatre épingles aime bien à s'asseoir. Qui plus est, la cuisine de l'établissement est à la hauteur du somptueux décor qu'il déploie, et l'on vous suggère vivement de jeter votre dévolu sur les steaks juteux et gargantuesques qui y sont servis. Si, pour vous, le vin est synonyme de plaisir, vous baverez d'envie en jetant un coup d'œil sur la carte des vins, qui indique que plus de 30 000 bouteilles vieillissent dans les caves de l'honorable maison. Les œnologues en devenir peuvent visiter la cave à vins, mais il paraîtrait qu'il y a toujours des clients perdus dans ce labyrinthe de longs couloirs voûtés...

Aventura

🛥️ Le **Cafe Tu Tu Tango** *($-$$; Aventura Mall, 19501 Biscayne, ☎932-2222)* appartient aux propriétaires de l'établissement du même nom ayant pignon sur rue à Coconut Grove (voir p 188). La carte et le décor s'apparentent à leur homonyme.

The Cheesecake Factory *($-$$; Aventura Mall, 19501 Biscayne, ☎792-9696)* est une bonne adresse à retenir pour ceux et celles qui veulent savourer un des 30 types de gâteaux au fromage qui noircissent son menu. Des plats de résistance comme le steak, le poulet ou le poisson, sont aussi disponibles. On vous suggère de réserver à l'avance car l'endroit est souvent bondé.

The Rainforest Cafe *($-$$; Aventura Mall, 19501 Biscayne, ☎792-8001)* tente de récréer l'environnement luxuriant des forêts tropicales grâce à des aquariums géants où folâtrent des poissons colorés et des animaux mécaniques poussant des rugissements, avec cascades d'eau et bruits stridents provenant de haut-parleurs dissimulés dans les feuilles des arbres. On ne vient pas ici pour vivre une expérience culinaire, mais l'environnement plaira sans doute aux enfants.

Fraîcheur et qualité sont de tout premier ordre au restaurant du **Turnberry Isle Resort & Club** (voir p 152) *($$$; 19999 West Country Club Drive, ☎932-6200)*. Crustacés, poissons et grillades sont à l'honneur, mais rien sur le menu ne vous décevra. Le local est feutré et le service, sans faille. Notons que seuls les membres et les clients de l'hôtel peuvent s'y attabler.

 CIRCUIT C : CENTRE-VILLE DE MIAMI

Le **Panini Cafe Bar** *($-$$; 16 NE. 3rd Ave., ☎377-2888)* est un petit établissement à l'ambiance informelle qui sert un assortiment de viennoiseries et un excellent choix de paninis. On peut s'offrir un le petit déjeuner pour environ 4$.

Le **Hard Rock Cafe** *($$; 401 Biscayne Blvd, angle NE. 4th Street, ☎377-3110)* n'a nul besoin de présentation. Établissement largement décoré d'instruments de musique d'artistes de renom dans l'univers scintillant musical. Le menu est avare de surprises et l'endroit, bruyant.

Plusieurs restaurants se sont installés au Bayside Marketplace. On vous conseille le **Lombardi's** *($$-$$$)*, qui loge dans un local aux murs pastel et qui prépare des pâtes maison nappées de sauces bien relevées.

Le restaurant de l'hôtel **Inter-Continental** (voir p 153)*($$$; 100 Chopin Plaza, ☎577-1000)* présente un décor aux lignes classiques et à l'air moderne. Le menu affiche des mets d'une cuisine américaine traditionnelle sans surprise mais qui ne vous laisseront certainement pas sur votre faim.

 CIRCUIT D : LITTLE HAVANA

🍲 Mieux vaut éviter le **Hy-Vong** *($$; 3458 SW. 8th Street, ☎446-3674)* si vous êtes pressé. Ce petit restaurant vietnamien est toujours bondé de fidèles clients qui attendent en file avant de se délecter des savoureuses spécialités merveilleusement relevées de la maison. Le décor est ringard, on y mange coude à coude et le service est parfois désagréable, mais les plats ne déçoivent jamais.

RESTAURANTS

Le restaurant **Versailles** *($$; 3555 SW. 8th Street, ☎445-7614)* est le fief attitré des hommes d'affaires cubains qui viennent y savourer une cuisine typiquement cubaine tout en abordant toutes sortes de sujets de conversation, le plus courant étant peut-être l'éventuel renversement de Fidel Castro.

 CIRCUIT E : CORAL GABLES

En italien, *abbracci* signifie «embrassé»; ce n'est donc pas un hasard si la cuisine du **Caffe Abbracci** *($$$; 318 Aragon Ave., entre Le Jeune Road et Salcedo Street, ☎441-0700)* élabore avec amour des plats savoureux et raffinée, inspirés de la gastronomie italienne la plus achevée. Le service est discret, le décor est feutré et les pâtes maison ne vous décevront pas. Certains soirs, la salle à manger s'anime à la faveur de spectacles de flamenco.

Le **Caffe Baci** *($$$; 2522 Ponce de Leon Blvd, entre Valencia et Andalusia Ave., ☎442-0600)* présente un décor chaleureux qui procure l'intimité nécessaire pour un dîner romantique à la lueur des chandelles. Le menu perpétue admirablement bien la tradition culinaire italienne à Miami.

Les délicieux plats d'inspiration indienne mitonnés par la cuisine du restaurant **Dabbar** *($$$; 276 Alhambra, ☎448-9691)* poussent vos papilles gustatives au nirvana culinaire, tandis que le décor parvient à vous plonger dans une atmosphère caractéristique de ce pays nimbé de mystère. C'est le lieu tout indiqué pour se rassasier le corps tout en laissant son esprit baigner dans une douce sérénité.

Le **Doc Hammer Bar & Grill** *($$$; 180 Aragon Ave., ☎441-2600)* est installé à l'intérieur du chic Omni Clonade Hotel (voir p) et propose de délectables créations culinaires aux consonances méditerranéennes. Amusez-vous à lire le nom des plats tels que le *Louis Armstrong's "Big Easy" Seafood Stew*, le *Carl Fisher's Surf and Land Boom* ou le *Venetian Shrimp Linguine*.

Une clientèle exigeante se presse au restaurant du Biltmore Hotel (voir p 155), **La Palme d'Or** *($$$; 700 Biltmore Way, ☎445-7821)*. L'atmosphère est un tantinet guindée, mais vous trouverez sûrement de quoi vous divertir les papilles gustatives avec sa délicieuse cuisine française aux arômes de la Floride. L'endroit est idéal pour un repas d'affaires.

 Le **Restaurant Place St Michel** *($$$; 162 Alcazar Ave., angle Ponce de Leon Boulevard, ☎446-6572)* présente un très beau décor antique et chaleureux. Sa carte est réputée pour la qualité de sa cuisine, laquelle a acquis une excellente notoriété à Miami. Le personnel souriant est sympathique et dévoué; il se fera un plaisir de vous suggérer les spécialités de la maison.

Restaurant branché très prisé de la population locale, **Christy's** *($$$-$$$$; 3101 Ponce de Leon Blvd, angle Malaga Ave., ☎446-1400)* propose une carte où les plats sont toujours savoureux, raffinés et bien présentés. La salade César est un plat incontournable, mais la spécialité de la maison est le monstrueux steak apprêté selon la cuisson désirée. L'éclairage tamisé se conjugue parfaitement avec la musique classique pour créer une atmosphère propice à vous faire passer une soirée des plus agréables.

CIRCUIT F : COCONUT GROVE

Situé dans le centre commercial The Streets of Mayfair, le **Planet Hollywood** *($; 3390 Mary Street, ☎445-7277)* prend des allures d'un petit resto/musée consacré aux stars de Hollywood. Évidemment, on ne vient pas ici pour vivre une expérience culinaire, mais les plats sont consistants et l'environnement plaira sans nul doute aux amateurs du septième art.

Le **News Cafe** *($-$$; 2901 Florida Ave., ☎774-6397)* appartient aux mêmes propriétaires que son homonyme (voir p 173) d'Ocean Drive. Ce café-terrasse attire une clientèle fidèle qui vient s'attabler à l'extérieur pour goulûment s'emplir de café et se lancer dans des débats épistolaires. L'établissement reçoit aussi les oiseaux de nuit, car il s'est fixé la mission de rester ouvert 24 heures par jour.

Cafe Med *($$; CocoWalk, 3015 Grand Ave., angle Virginia Street, ☎443-1770)* est installé au rez-de-chaussée du centre commercial Coco Walk et propose des plats simples de pâtes, de pizzas et de paninis.

Installé au deuxième étage de Coco Walk (voir p 195), le **Cafe Tu Tu Tango** *($$; CocoWalk, 3015 Grand Ave., angle Virginia Street, ☎529-2222)* prend les allures d'un loft de Barcelone avec ses aires ouvertes dont les murs sont ornés de tableaux d'artistes contemporains et d'objets hétéroclites, et qui s'ouvrent sur une grande terrasse extérieure. De plus, il n'est pas rare d'y voir des artistes en plein processus de création mettant ensuite en vente leur toile sitôt terminée. Le sympathique personnel se fera un plaisir de vous commenter les nombreux plats aux goûts assez éclectiques qui figurent sur le menu de cet établissement d'un genre particulier. On suggère aux clients de choisir plusieurs mets tels que le *cajun chicken egg roll*, les *picadillo empanadas* ou le *Barcelona stir fry*, et de se les partager. Pour se désaltérer, la sangria maison est aussi hautement recommandée. Des spectacles de *baladi* et des séances de tarot animent parfois les soirées.

Situé à l'étage du Commodore Plaza, le **Kaleidoscope** *($$-$$$; 3112 Commodore Plaza, ☎446-5010)* est un sympathique resto fréquenté par des gens du quartier qui viennent profiter de la vue et se délecter des spécialités de la maison aux parfums méditerranéens. Une carte d'hôte différente est proposée chaque jour, et les plats sont toujours frais et bien préparés. Le personnel souriant donne de judicieux conseils pour mieux orienter votre choix.

Située au même étage que le Cafe Tu Tu Tango (voir ci-dessus), **The Cheesecake Factory** *($$-$$$; 3015 Grand Ave., CocoWalk, ☎447-9898)* propose plus de 30 variétés de gâteaux au fromage qui sauront sûrement satisfaire ceux et celles qui sont en mal de sucre car les portions sont énormes Les convives qui préfèrent le salé peuvent opter pour les hamburgers, les pizzas, les pâtes ou les poissons.

CIRCUIT G : KEY BISCAYNE

Comme son nom l'indique, **La Boulangerie** *($; 16 NE. 3rd Ave., ☎377-2888)* est une simple petite boulangerie qui prépare des croissants toujours frais du jour ainsi qu'un bon choix de baguettes dont les prix varient autour de 6$. On peut aussi s'y offrir un petit déjeuner pour moins de 5$.

La Carretta *($-$$; 12 Crandon Blvd, ☎365-1177)* s'est installée dans un local des plus banals et propose un menu avare de surprise, entre autres quelques spécialités cubaines. On y sert des petits déjeuners économiques accompagnés d'un bon café corsé. Il y a un comptoir de restauration rapide *($)* pour les personnes qui veulent manger sur le pouce : *empanadas*, sandwichs etc.

Dans un registre un peu plus élevé, **Stefano's** *($$$; 24 Crandon Blvd, ☎361-7007)* est l'adresse à retenir pour ceux et celles qui aiment bien la cuisine maison aux parfums de l'Italie. La carte affiche des plats comme les raviolis fourrés aux champignons sauvages ou les linguinis nappés de fruits de mer. Adjacent au restaurant, se trouve une petite épicerie fine qui prépare de bons sandwichs pour environ 5$. On y offre aussi un excellent choix de vins.

The Rusty Pelican *($$$; 3201 Rickenbacker Causeway, ☎361-3818)* est l'endroit tout indiqué pour se délecter les papilles en bénéficiant d'une vue splendide sur Biscayne Bay. Le menu propose des plats classiques comme du steak, du poisson et des crustacés.

RESTAURANTS

CIRCUIT I : AU NORD DE MIAMI

Hollywood

Pour une bouchée rapide et sans façon, rendez-vous au **Giorgio's Bakery** *($; 800 N. Ocean Blvd, ☎954-929-6968)*, où l'on sert des petits déjeuners économiques, des pizzas cuites au four à bois et des jus frais.

 Chez **Monique's Gourmet Pantry** *($; 1848 Harrison Street, ☎954-923-5556)*, on vous sert de délicieux *brownies* et gâteaux maison préparés avec du chocolat suisse. Le personnel est souriant et sympathique.

Situé derrière le Hollywood Beach Resort (voir p 158), l'**O'Malley's Bar & Restaurant** *($; 101 North Ocean Drive, ☎954-920-4062)* sert des sandwichs au poulet, des hamburgers et des *nachos*. Atmosphère détendue et vue sur la mer.

Dans un local tout en longueur, le **Warehaus 57** *($; 1904B Hollywood Drive, ☎954-926-6633)* est un café sans prétention baigné de musique classique qui sert des plats simples pour calmer une petite fringale. S'y trouvent aussi une bibliothèque, quelques fauteuils et des magazines.

Le **Frenchie's Cafe** *($-$$; 300 Johnson Street, ☎954-920-4062)* est un petit restaurant sans prétention qui se dresse sur le front de mer. On y mange sans façon en écoutant des musiciens se donner en spectacle.

Aussitôt que vous aurez franchi le seuil du restaurant **Pazzo** *($-$$; 2032 Harrison Street, ☎954-923-0107)*, une véritable explosion de couleurs s'offrira à vos yeux. De plus, des fleurs séchées déposées çà et là sur les tables contribuent à créer une atmosphère agréable et détendue. La carte est variée et affiche des plats de poulet farci avec du crabe, des pizzas croustillantes, du filet mignon et des sandwich *focaccia*. Pour terminer, offrez-vous un *tiramisu*.

Le menu mexicain du **Tac"O" The Town** *($-$$; 2007 Harrison Street, ☎954-920-7606)* comprend naturellement tous les classiques de la cuisine mexicaine tels qu'*enchiladas*, *burritos*, *fajitas*, *guacamole* et, bien sûr, *tacos*. On mange à des tables en céramique colorées, entourées de murs pastel sous les airs des *mariachis* qui chantent leur romance les soirs du vendredi et du samedi.

Las Brisas *($$-$$$; 600 N. Surf Road, ☎954-923-1500)* est un restaurant argentin où l'on s'attable sur sa petite terrasse pour déguster une délicieuse grillade tout en observant la mer. Végétarien s'abstenir.

De l'extérieur, on remarque facilement le **Giorgio's Grill** *($$$; 606 N. Ocean Blvd, ☎954-929-7030)* grâce à son énorme façade orange. Pâtes, poissons, volailles et viandes composent le menu et sont apprêtés de façon convenable, puis servis dans une grande salle à manger lumineuse à l'ambiance conviviale.

🐚 Le nouveau concurrent en ville s'appelle **Revolution 2029** *($$$; 2029 Harrison Street, ☎954-920-4748)*. Installé dans un local au décor futuriste et moderne, il propose de savoureuses

créations culinaires ainsi que d'alléchants plats plus tradition-
nels tels que l'osso-bucco ou le saumon grillé.

Fort Lauderdale

Hors des sentiers battus, l'adorable **Archives Book Cafe** *($;
1948 E. Sunrise Blvd, ☎954-764-8212)* est propice à la lecture
et à la rêverie. En plus du café et des viennoiseries, on y vend
des vieux livres rares. Une douce musique classique baigne les
lieux.

Située près de la plage, **La Coquille** *($-$$; 1619 E. Sunrise
Blvd, ☎954-467-3030)* est une autre adresse prisée des
amateurs de cuisine française. Sa terrasse arrière ombragée de
palmiers permet de dîner en toute tranquillité.

Pour des mets asiatiques à bon prix, rendez-vous tout près de
l'Archives Book Cafe (voir ci-dessus), au **Sukhothai** *($-$$; 1930
E. Sunrise Blvd, ☎954-764-0148)*. On y sert d'alléchants plats
fumants comme le *steamed dumplings* et le *Thai red curry* dans
un local sobre et discret.

🍲 **Zanbar** *($$; 602 E. Las Olas Blvd, ☎954-767-3377)* sert
une nourriture aux arômes de l'Afrique du Sud. Les tables sont
recouvertes de peaux de léopard, et des bibelots rappelant
l'Afrique sont disposés çà et là. De plus, la carte énumère un
bon choix de cafés et de vins.

Le restaurant **Burt & Jack** *($$-$$$; Berth 23, Port Everglades,
☎954-522-2878)* appartient à l'acteur américain Burt Reynolds
et roule tout seul dans son *no man's land*, car sa clientèle fidèle
s'écarte volontiers de son chemin pour venir manger ici. Malgré
son nom populaire, on exige le port d'une tenue vestimentaire
soignée. En effet, les hommes doivent impérativement porter un
veston, tandis qu'on demande aux dames de se draper élégam-
ment.

Les amateurs de gastronomie française se donnent rendez-vous
au restaurant **Le Café de Paris** *($$-$$$; 715 E. Las Olas Blvd,
☎954-467-2900)* pour s'attabler dans l'une de ses différentes
salles à manger afin de déguster de merveilleux délices de
l'Hexagone. Certains préfèrent prendre place sur sa terrasse

RESTAURANTS

pour regarder le va-et-vient des passants. Le personnel est affable et souriant.

Installé près de l'eau, le **Shirttail Charlies** *($$-$$$; 400 SW. 3rd Ave.,* ☎*954-463-3474)* dispose de deux salles à manger. La première est située au rez-de-chaussée et l'on y mange simplement à l'air libre. Si vous cherchez plus qu'un simple repas, montez à l'étage pour savourer des mets plus élaborés tels que des médaillons de porc, des queues d'alligator, du filet mignon ou la prise du jour. Si vous dînez à l'étage, on vous remettra un billet pour sillonner gratuitement les canaux de la ville durant 30 minutes dans le bateau des propriétaires.

Le **Shula's on the Beach** *($$-$$$;321 N. Atlantic Blvd,* ☎*954-355-4000)* est un restaurant respecté dans les cercles culinaires de Fort Lauderdale grâce à une recette simple, mais efficace : une personnalité sportive qui prête son nom (en l'occurrence l'ancien coach des Dolphins de Miami), un décor sobre et d'énormes steaks juteux de qualité. La spécialité est évidemment le steak, mais on y sert aussi du homard et des pattes de crabe de roche (en saison seulement). La salle à manger est lumineuse et a une jolie vue sur la mer.

Devinez ce qui vous attend au **Sushi Jazz** *($$-$$$; 1902 Harrison Street,* ☎*954-927-8474)*? Eh oui, dans un petit local décoré sans artifice, on déguste les classiques de la cuisine nippone : *sushis*, poulet *terriaki* et *stir fry* aux légumes. On prend ensuite le sake sous des airs d'une musique de jazz.

Certains d'entre vous lèveront peut-être un sourcil dubitatif en poussant la porte du restaurant polynésien **Mai-Kai** *($$$-$$$$; 3599 North Federal Highway,* ☎*954-563-3272)*. Les plats hybrides, mélanges de recettes asiatiques et américaines, sont cuits dans des fours à bois ou grillés sous les flammes de la cuisine à aire ouverte, puis servis dans un décor pittoresque animé par des danseuses polynésiennes.

Comme son nom le laisse sous-entendre, **The French Quarter** *($$$-$$$$; 215 SE. 8th Ave.,* ☎*954-463-8000)* prépare une cuisine typique de La Nouvelle-Orléans. Crevettes créoles, bouillabaisse et steak tartare composent le menu.

SORTIES

Miami offre à ses visiteurs mille et une possibilités de se divertir, la plupart des établissements étant concentrés à South Beach. Même si South Beach est beaucoup plus petit que Manhattan, ce quartier se situe à l'épicentre de la vie nocturne de Miami Beach et rivalise à bien des égards avec le borough de la *Big Apple* pour le titre de *City that never sleeps*. En effet, South Beach exalte une atmosphère pimpante qui attire une foule tout azimut qui aime extérioriser sa joie de vivre et la manifester spontanément dans la rue, dans un bar ou dans un club en une sorte de farandole populaire.

En effet, les nombreux bars et boîtes de nuit sauront sans doute satisfaire les oiseaux de nuit, car il n'est pas rare que les soirées s'étirent jusqu'aux petites heures du matin. La musique latine tient sans nul doute une place de choix, mais on peut aussi assister à d'excellents spectacles de jazz. Les fervents supporters sportifs seront aussi comblés car, en plus des nombreux bars sportifs dotés d'antennes paraboliques qui captent tous les matchs d'envergure, on peut visionner, selon la saison, des parties d'équipes professionnelles de baseball, de football, de hockey, de basket-ball et de pelote basque (*jai-alai*). Les amateurs de manifestations culturelles ne sont pas oubliés car, plusieurs fois dans l'année, des spectacles de danse, de théâtre, de musique classique ou d'opéra de qualité sont donnés régulièrement.

Pour en connaître davantage sur la vie culturelle de Miami, consultez l'hebdomadaire **New Times**. Ce journal constitue une véritable mine d'informations sur les spectacles de musique de tout acabit, dresse la liste des nouveaux restaurants, bars, cabarets et salles de spectacle, et donne les horaires des principaux cinémas. Ce journal est distribué gratuitement et est publié tous les jeudis. On le trouve dans plusieurs lieux publics très fréquentés comme les bars, les cafés, les restaurants et quelques boutiques.

Situé au centre-ville de Miami, le **Greater Miami Convention and Visitors Center** *(701 Brickell Ave., Miami, FL 33131, ☎539-3063, ⌐539-3113, www.miamiandbeaches.com)* peut vous fournir de nombreux dépliants, brochures et cartes touristiques.

La section *week-end* du journal local **Miami Herald**, traite de danse, de musique, de restaurants, de théâtre et de bien d'autres activités culturelles et sociales qui composent au fil des semaines l'actualité du monde du spectacle et des variétés de Miami.

Ticket Master *(☎358-5885)* est une ligne téléphonique grand public qui fournit la liste des spectacles de danse, de théâtre, de musique ou de sport. On peut aussi acheter des billets par son entremise.

Avez-vous 21 ans?

Avant d'arpenter les rues de Miami et de vous diriger vers un bar ou une boîte de nuit, on vous conseille fortement d'avoir en votre possession des pièces qui attestent votre identité ainsi que votre âge si votre physique vous fait paraître jeune. En effet, il n'est pas rare que le portier d'un établissement licencié vous en fasse la demande avant de vous laisser entrer à l'intérieur. L'âge légal pour boire de l'alcool est de 21 ans.

MUSIQUE CLASSIQUE, THÉÂTRE, OPÉRA ET CINÉMA

Des pièces de théâtre de tout acabit sont montées au **Coconut Grove Playhouse** *(3500 Main Hwy., ☎442-4000)*.

The Colony Theater *(1040 Lincoln Road, ☎674-1026)* fut construit en 1934 par la Paramount Company et continue de présenter du théâtre, de la danse et de la musique classique.

Des spectacles de ballet, de danse, d'opéra et de théâtre sont régulièrement à l'affiche au **Jackie Gleason Theater** *(1700 Washington Ave., ☎673-7300)*.

Pour vous délecter des airs de musique classique, le **New World Symphony** propose une série de concerts d'octobre à mai au **Lincoln Theater** *(541 Lincoln Road, ☎673-3331 ou 800-597-3331, ⬅673.2302, tickets@nws.org, www.nws)*.

Miami est pourvue d'innombrables salles de cinéma qui projettent les dernières œuvres cinématographiques produites. Pour en connaître l'horaire, consultez le *Miami Herald* ou le *New Times*.

Voici quelques salles de spectacle :

Alliance Cinema *(927 Lincoln Road, Miami Beach, ☎531-8504)*;
Amc Omni Theatres *(1601 Biscayne Blvd, Miami, ☎358-2304)*;
Mayfair Cinemas *(3390 Mary St., Miami, Coconut Grove, ☎447-9969)*;
Aventura Mall *(19505 Biscayne Blvd, Aventura, ☎935-3836)*;
Coco Walk *(3015 Grand Ave., Coconut Grove, ☎444-0777)*.

NIGHT-CLUBS, BARS ET DISCOTHÈQUES

Les night-clubs exigent généralement un droit d'entrée qui varie entre 5$ et 15$ selon la notoriété de l'établissement.

SORTIES

South Beach

Gigantesque boîte de nuit qui résonne jusqu'aux petites heures du matin, **Amnesia** *(136 Collins Ave., angle First St.,* ☎*531-5535)* dispose de sept bars répartis sur deux étages. L'ensemble s'articule autour d'une énorme cour intérieure agrémentée de palmiers et d'une cascade enjolivée par des faisceaux lumineux. La piste de danse se trouve au centre de la cour où s'éclate la foule endiablée. La clientèle et le personnel sont briqués comme un sou neuf. On y présente souvent des spectacles en tout genre. Clientèle à prédominance gay.

Pas nécessaire d'être beau et célèbre pour entrer au **Bash** *(655 Washington Ave., entre 6th St. et 7th St.,* ☎*538-2274)*, mais si vous n'êtes ni l'un ni l'autre, alors priez pour que votre établissement hôtelier compte sur les services d'un concierge particulièrement bien pistonné pour vous y faire entrer. Le night- club appartient à l'acteur Sean Penn et au musicien Mick Hucknall (Simply Red) et se veut un endroit où le *night life* rencontre l'art et le divertissement. Des événements fréquents y ont lieu, variant du défilé de mode à l'exposition de peintures. La clientèle est jeune, belle et suffisamment riche pour débourser les 10$ (en semaine) ou les 15$ (fin de semaine) qu'il en coûte pour franchir le seuil de la porte. L'endroit dispose d'un bar long et élégant, d'une terrasse privée où l'on peut écouter de la musique internationale, d'une petite galerie d'art et d'une scène surplombant l'incontournable plancher de danse où l'on privilégie la musique *high energy*. Le code vestimentaire est scrupuleusement observé toutes les nuits de la semaine, alors mettez-y toute la gomme ou vous risquez de vous faire courtoisement refuser l'entrée par un sosie de Jean Claude Van Damme habillé pour la soirée des Oscars.

Si votre budget ne vous permet pas de loger au chic hôtel Delano (voir p 148), son bar, le **Blue Door** *(1685 Collins Ave.,* ☎*672-2000)*, est toutefois accessible à tout le monde et mérite une visite pour son décor bizarre et extravagant. Vous pouvez soit vous accouder au bar, jouer une partie de billard ou vous réfugier dans l'un des racoins qui ont été aménagés pour l'intimité. Possibilité de se ravitailler à son resto si vous êtes prêt à délier les cordons de votre bourse.

Night-clubs branchés riment avec clientèle triée sur le volet

Miami est reconnue pour ses chics boîtes de nuit qui attirent une clientèle jet-set. Sachez toutefois que quelques-uns de ces night-clubs abritent des salons VIP qui ne sont pas toujours accessibles à Monsieur et Madame Tout-le-monde, mais généralement réservés aux têtes couronnées, aux starlettes et aux personnalités artistiques bien en vue (Oliver Stone, Cameron Diaz, Johnny Depp, Cher, Ben Stiller, Madonna, Woody Harrelson, Sly, bref, vous saisissez?). Inévitablement, ces rupins du showbiz font courir les foules qui veulent frayer avec le gratin de la société. Pour éviter d'avoir des «indésirables» dans leur établissement, les proprios appointent des portiers qui ressemblent plus souvent qu'autrement à des monstres sans cou soufflés aux stéroïdes pour contrôler les allées et venues de la foule. Il va sans dire que si le portier n'aime pas votre mine ou votre mise, vous risquez de faire longtemps le pied de grue à la porte et de consulter souvent votre montre. En attendant que le portier au torse bombé et aux bras croisés vous adresse un regard approbateur, il arrive parfois, au grand désarroi de ceux qui attendent depuis longtemps, qu'un inconnu ignore la notion de file d'attente et décide tout bonnement de dépasser tout le monde sans jeter un regard derrière soi, croise le portier qui, sans ciller, lui ouvre immédiatement la porte de l'établissement. C'est la preuve que cet inconnu de la foule n'est pas tout à fait inconnu de tout le monde, puisqu'il possède ici ce qui s'appelle «ses entrées». Sans vouloir tomber dans les stéréotypes et les clichés, on doit avouer que les top-modèles anorexiques, les femmes fatales, les charmantes divas ou encore les jeunes premiers, les hommes bénis par les dieux de l'Olympe et qui peuvent exhiber un corps d'Adonis à la dentition parfaite ont un avantage indéniable sur le commun des mortels. Eh oui, vous êtes à Miami, et l'apparence, l'attitude et le prestige sont importants et ont du prix. On est peut-être dans le pays du *bigger is better*, mais aussi du *beautiful is useful*. Si malgré tout, vous tenez à fréquenter ces boîtes de nuit branchées et élitistes, laissez vos jeans, votre t-shirt et vos souliers de course à l'hôtel, habillez-vous nickel (en noir de préférence), n'oubliez pas de passer à la banque et soyez prêt à attendre un peu en file. Certaines personnes ont tellement hâte de franchir la porte d'un de ces night-clubs sélects qu'ils vont jusqu'à glisser des billets verts dans les poches du portier pour le soudoyer. Pour éviter de vous trouver dans une situation ambiguë (comme par exemple, celle où le portier juge que le montant d'argent reçu est insuffisant), adressez-vous donc au concierge de votre hôtel. La plupart des bons hôtels travaillent étroitement avec ces établissements et le concierge peut placer votre nom sur la liste des invités VIP. Évidemment, le concierge s'attend également à recevoir quelque chose pour ses services.

Une importation new-yorkaise, **Chaos** *(734 Washington Ave., ☎674-7350)* favorise la musique *high energy* en invitant les meilleurs disques-jockeys de la planète, tout en recevant fréquemment la visite de percussionnistes internationaux qui s'exécutent sur une minuscule scène surplombant le plancher de plusieurs mètres. L'élitisme de l'endroit se voit au déboursé nécessaire à l'obtention d'une table, avec achat obligatoire d'une bouteille de champagne variant entre 200$ et 600$. Un gracieux rideau de velours rouge sépare la section assise d'une seconde plus grandiose où le déboursé minimum est de 800$: c'est l'endroit où s'asseoir si vous désirez soumettre un scénario à Oliver Stone. Si vos goûts sont plus modérés, vous pourrez toujours vous asseoir au bar et siroter votre consommation à petites gorgées tout en admirant les attributs du personnel composé en majeure partie de flamboyantes blondes qui vous donneront l'impression d'être à l'aube de la naissance du 4e Reich. Si une place assise ne vous attend pas, ne comptez pas mettre le pied à l'intérieur; mieux vaut laisser votre concierge s'occuper de téléphoner.

Dans un registre aussi sophistiqué, le bar du chic restaurant **China Grill** *(404 Washington Ave., angle 5th St., ☎534-2211)* attire une clientèle tirée à quatre épingles qui vient discuter sous les airs d'une musique rythmée. Habillez-vous en conséquence : pas de bermuda ni d'espadrilles.

Le **Club Deep** *(droit d'entrée; 621 Washington Ave., ☎532-1509)* se targue d'être la seule boîte de nuit en Floride où vous pouvez danser sur un aquarium géant de 2 000 gallons d'eau. La clientèle est énergique, le jeu de lumières est bien conçu, le système de son est excellent et la musique varie entre le *techno*, la *house*, la *dance music* et le *hip-hop*.

Non loin de l'Irish House Pub, le **Dab Haus** *(852 Alton Road, ☎534-9557)* tire une certaine fierté de son choix d'excellentes bières allemandes. Bonne adresse pour se réfugier loin de la plage.

Situé tout juste à la limite nord de South Beach, le **Groove Jet** *(323 23rd St., entre Collins Ave. Et Dade Blvd, ☎532-2002)* est un autre des chics night-clubs branchés du quartier où les oiseaux de nuit viennent danser toute la nuit et rêver d'y faire des rencontres fortuites mémorables. Mannequins, starlettes et artistes s'y réunissent pour danser, discuter, griller une cigarette, se regarder dans les yeux, prendre un verre et échanger leurs numéros de téléphone. La clientèle est triée sur le volet.

Un peu loin de la plage sur Alton Road, l'**Irish House Pub** *(1430 Alton Road, ☎534-5667)* n'est vraisemblablement pas le chaleureux *pub* irlandais traditionnel. Une clientèle d'habitués fréquente assidûment ce bar de quartier sans prétention où l'on joue aux fléchettes ou au billard. On trouve aussi des habitués assis au bar à la recherche d'un compagnon de solitude.

S'il vous arrivait, un de ces soirs, d'en avoir marre de South Beach et de ses night-clubs libidinaux courus par des prédateurs nocturnes au corps parfait, **Jazzid** *(1342 Washington Ave., entre 13th St. et 14th St., ☎673-9372)* pourrait être l'antidote que vous recherchiez. Difficile de s'imaginer à Miami dans ce bar où s'exécutent habituellement les trios de jazz classique dans une chaleureuse ambiance rustique où règne une pénombre perpétuelle. L'endroit possède aussi son propre *lounge* : tout le deuxième étage se compose de confortables divans, de tables à échiquier ainsi qu'une table de billard d'où l'on peut observer les soubresauts de Washington Avenue par deux baies vitrées. La musique *live* du premier vous est transmise juste à la bonne intensité par l'intermédiaire d'une série de petites enceintes disposées en périphérie de la pièce. Un endroit parfait pour simplement relaxer, exister et griller une cigarette tout en sirotant un verre au son d'un solo de contrebasse ou de saxophone.

Le **Kafka's Kafé** *(1464 Washington Ave., angle 15th St., ☎673-9669)* est l'endroit tout indiqué pour explorer le fascinant monde de l'Internet en sirotant un café.

Même si Miami n'a pas la notoriété de New York lorsqu'il est question de cabarets où la farce et le rire sont à l'honneur, la **Laughing Gas Comedy Improvisation Theater Company** *(1121 Washington Ave., ☎672-4788)* met toutefois en vedette des comédiens déterminés à dérider l'auditoire. La qualité des spectacles et le prix d'entrée varient bien sûr en fonction de la notoriété des comédiens à l'affiche, mais qui sait, peut-être aurez-vous la chance de découvrir un nouveau Jerry Seinfeld lors de votre passage.

Si vous avez envie d'assister à d'excellents spectacles de musique de jazz tout en prenant un bon dîner, réservez une table au restaurant **Les Deux Fontaines** *(1230 Ocean Drive, ☎672-2579)*, qui présente du *live dixie jazz* tous les soirs du mercredi au dimanche de 19h30 à 23h.

Le très sélectif night-club **Liquid** *(1439 Washington Ave., ☎532-9154)* appartient à une bonne amie de Madonna, Ingrid Casares, et attire une brochette de célébrités, de mannequins et de curieux. L'endroit est toujours bondé, enfumé, et résonne jusqu'aux petites heures du matin. Évidemment, les starlettes se réfugient plus souvent qu'autrement au VIP Lounge, mais il n'est pas rare d'en croiser de temps en temps. La piste de danse est énorme, le personnel stylé fait battre la chamade et la musique est toujours entraînante. Habillez-vous en conséquence et amener un beau mec ou une belle fille si vous voulez accélérer le processus pour entrer.

S'il est un bastion de sexisme à toujours tenir tête à cette époque politiquement correcte, c'est bien le *ladies night* du bar **Lost Weekend** *(423 Española Way, ☎423-3211)*. Durant cette soirée (le mercredi de 21h à 2h), les dames peuvent boire à prix réduit, sans toutefois avoir à faire les frais d'un troupeau de mâles abrutis par la testostérone. Que l'amateur masculin se rassure, il pourra bénéficier de *Rolling Rock* à 2$, ou encore faire son choix parmi la centaine de bières offertes au meilleur prix sur la «*beach*». Pour ne pas être en reste avec les autres night-clubs en vogue, le Lost Weekend possède aussi son propre *lounge*. Ignorez les tables de billard, le jeu de *baby foot*, le jeu de hockey sur coussin d'air, les *pinballs* et les jeux vidéo, puis dirigez-vous tout au fond où, d'une passerelle, vous pourrez vous abandonner aux plaisirs d'une partie de fléchettes tout en disposant d'un divan, d'une table et d'un cendrier, ainsi que d'une vue VIP sur la clientèle du rez-de-chaussée. Celle-ci, largement composée de résidants, a l'habitude d'arroser joyeusement les débuts de sa vingtaine et l'autorisation de boire en public.

Lua *(409 Española Way,* ☎*534 0061)* se présente comme un petit bar qui exsude une atmosphère romantique grâce à son décor victorien où la faune nocturne rivalise d'élégance et s'assoit dans des divans moelleux tout en levant un verre de porto ou de champagne. S'y trouve aussi une petite piste de danse pour ceux et celles qui veulent se défouler.

Les amateurs qui apprécient les bières froides bon marché seront comblés en poussant la porte du **Mac's Club Deuce** *(222 14th St.,* ☎*673-9537)*. L'endroit est décoré sans artifice et il y a un juke-box qui fait entendre de vieux classiques.

Pour une soirée tonifiante dans un bar plein d'esbroufe, le **Mango's Tropical Cafe** *(900 Ocean Drive, angle 9th St.,* ☎*673-4422)* attire une foule vivante d'habitués et de visiteurs de passage qui viennent se déhancher côte à côte avec les danseuses sexy de l'établissement sur des airs de musique latine. Des spectacles ont souvent lieu durant la fin de semaine.

Situé tout au sud d'Ocean Drive, le **Penrod's** *(1 Ocean Drive)* exulte une atmosphère conviviale et décontractée. S'y trouvent quatre bars, deux restos et plusieurs jeux vidéo, en plus des téléviseurs permettant de suivre les événements sportifs de l'heure. Sa grande terrasse arrière est idéale pour prendre de l'air tout en buvant une bière froide.

Le **Shadow Lounge** *(1532 Washington Ave.,* ☎*531-9411)* appartient au controversé milliardaire Richard Branson : certains le considèrent comme un escroc, d'autres le comparent à un Bruce Wayne philantropique. Quoi qu'il en soit, le Shadow Lounge est la plus récente addition en fait de boîte branchée à South Beach. Cette ancienne synagogue dispose d'un vaste plancher de danse et d'un bar en acier inoxydable orné de bouteilles de bières semblables à des volcans en éruption. Branson ayant récemment lancé *Channel*, un nouveau magazine de mode, la boîte est rapidement devenue un rendez-vous de

SORTIES

mannequins. Elle se fait aussi l'hôte de nombreux événements subventionnés par le richissime propriétaire : lancement de films, défilés de mode, soirées-bénéfice pour le sida, le cancer, la fibrose kystique… Une mezzanine tient lieu de VIP Lounge où les prédateurs urbains peuvent surveiller d'un œil d'aigle une foule largement composée de proies génétiquement bénies dansant au son d'une musique sélectionnée par le D.J.-étoile George Acosta ou l'un de ses invités européens. Un aquarium s'étend sur toute la longueur du mur commun aux toilettes des deux sexes, permettant aux clients et clientes de s'observer sous un jour favorable et sous le regard indifférent des poissons tropicaux.

Le **Smith and Wollensky** *(1 Washington Ave., South Point Park, ☎673-2800)* est l'endroit tout indiqué pour prendre des cocktails en plein air sur la pointe de la péninsule, tout en étant rafraîchi par la brise et les pales des ventilateurs.

La **South Beach Brasserie** *(910 Lincoln Road, angle Jefferson Ave., ☎534-5511)* constitue un excellent endroit pour s'offrir un verre en bonne compagnie tout en tirant sur un cigare de qualité. Ambiance feutrée et chaleureuse.

On vient au **Sport Cafe** *(538 Washington Ave., entre 5th St. et 6th St., ☎674-9700)* pour regarder des matchs de soccer et pour discuter entre amis. Si vous avez une fringale, la cuisine italienne maison est excellente.

Il existe beaucoup de similarités entre **Tantra** *(1445 Pennsylvania Ave., ☎672-4765)* et le recueil spirituel hindou duquel il tire son nom. D'abord, localiser ce resto-bar s'apparente presque à la quête des moines tibétains pour ne faire qu'un avec l'énergie universelle, puis elle semble vaine jusqu'à ce qu'on le découvre : même le nez collé sur la porte, aucun indice ne vous permet de croire que vous allez entrer dans un des restos-bars les plus en vogue de Miami Beach plutôt que dans un hangar à bicyclettes. La danse des éléments vous mettant en symbiose avec la nature débute dès votre entrée : soudainement vos pieds foulent l'herbe, vous remarquez un mur tenant lieu de chute d'eau et le plafond est illuminé par une boule à effet stroboscopique mais fixe simulant une voûte étoilée. De nombreuses statues hindoues complètent un décor qui aiguise les sens. Apparemment les plats possèdent tous en commun une qualité sensuelle, voire aphrodisiaque, mais sans doute rien de comparable à la compagnie de la bonne personne avec quelques verres de vin ou de porto. L'ambiance est difficile à battre et fera de votre soirée une expérience inoubliable.

Situé juste à côté du Clevelander, **The All Star Cafe** *(960 Ocean Drive, ☎604-1999)* appartient à des vedettes sportives comme Wayne Gretzky et Shaquille O'Neal. L'endroit est équipé de plusieurs écrans de télévision où vous pourrez visionner votre sport préféré. Des aliments gras et salés figurent aussi sur le menu pour tous ceux qui veulent grignoter en buvant leur bière.

Amateur de sports, la «terre promise» existe et s'appelle **The Clevelander** *(1020 Ocean Drive, ☎531-3485)*. Temple sportif de South Beach, cette institution a installé des téléviseurs un peu partout qui retransmettent les événements sportifs de l'heure : football, baseball, hockey, basket-ball, etc. Ce haut lieu de testostérone organise parfois des concours du plus beau corps et présente des spectacles de musique à côté de sa piscine, où l'on autorise beaucoup d'incohérence musicale. Le *happy hour* de 17h à 19h donne l'occasion de débuter la soirée de façon fort convenable avant d'aller poursuivre ailleurs une tournée qui semble bien partie. Les produits de quelques microbrasseries sont aussi disponibles.

Si vous parvenez à franchir la pléthore de portiers musclés du resto-bar-club **The Living Room at the Strand** (*671 Washington Ave., entre 6th St. et 7th St., ☎532-2340)*, vous y découvrirez une clientèle élégamment fringuée de noir et une atmosphère un tantinet guindée. Il s'agit en effet d'un haut lieu de rencontre des BCBG, et les clients vêtus simplement de jeans et chaussés d'espadrilles se verront catégoriquement refuser l'accès. Il n'est pas rare d'apercevoir des acteurs connus ou des personnalités bien en vue. Le bar en verre ressemble à un canevas sur lequel de nouvelles histoires de nature à défrayer parfois la chronique mondaine se tissent, avortent ou se poursuivent durant toute la soirée. Des spectacles de *baladi* y ont parfois lieu, tandis que les serveuses ne laissent personne de marbre...

Le bar de l'hôtel **The National** *(1677 Collins Ave., ☎532-2311)* est assidûment fréquenté tous les vendredis lors du *happy hour* (17h à 19h) par une clientèle d'habitués qui vient oublier ses tracas de la semaine.

Le **Van Dyke Cafe** *(846 Lincoln Road, angle Jefferson Ave., ☎534-3600)* présente des spectacles de jazz à l'étage de son resto. L'endroit a bonne réputation grâce aux excellents musiciens qui s'y produisent. Appelez à l'avance pour connaître le programme de la soirée.

Mieux vaut éviter le **Wet Willies** *(760 Ocean Drive, ☎532-5650)* et passer votre chemin si vous cherchez une adresse qui figure dans les carnets mondains. Il s'agit d'un lieu fréquenté par une foule jeune, fringante et désordonnée. Située à l'étage, sa terrasse est propice pour regarder l'action qui se déroule sur Ocean Drive. On y sert aussi des plats simples et bourratifs.

Le **World Resources** *(719 Lincoln Road, entre Euclid et Meridian, ☎534-9095)* reçoit des musiciens adeptes du *world beat* chaque soir. Une clientèle bohème s'y pointe pour s'accouder au bar ou s'asseoir autour de tables antiques afin de bavarder devant un large éventail de bières fraîches américaines et internationales accompagnées ou non d'une bouchée.

Après avoir dîné chez **Yuca** (voir p 181) *(droit d'entrée; 501 Lincoln Road, angle Drexel Ave., ☎532-9822)*, montez donc à l'étage pour digérer votre repas, prendre un verre et écouter la nouvelle diva cubaine de l'industrie musicale, Albita, en toute intimité.

Vous aurez sans doute plus de faciliter à pousser la porte du club **Zen** *(1203 Washington Ave.)*. Cet endroit est moins collet monté que toutes les autres boîtes du quartier, mais il attire une clientèle qui se pointe pour se trémousser au son de la musique *hip-hop*, *acid-jazz* et *techno*. Grande piste de danse, lieu enfumé et atmosphère de fête.

Centre et nord de Miami Beach

Le **Cafe Tu Tu Tango** *(Aventura Mall, 19501 Biscayne, ☎932-2222)* loge dans le chic Aventura Mall et présente parfois des spectacles de flamenco. Quelques bières de microbrasserie figurent sur le menu. Clientèle jeune et décontractée.

Les fervents supporters des Dolphins de Miami se donnent souvent rendez-vous au resto-bar du coach de leur équipe favorite, le **Jimmy Johnson's Three Rings Bar & Grill** *(4525 Collins Ave.,* ☎*672-6224)*, pour regarder le *Monday Night Football*. Mis à part le bon choix de bières locales et importées, le menu affiche un assortiment de plats qui plaira à tout le monde.

Beaucoup plus au nord, des personnalités du monde du spectacle et des mannequins se retrouvent souvent autour du bar du non moins chic restaurant **The Forge** *(432 41st St., entre Royal Palm et Sheridan Ave.,* ☎*538-8533)* afin de boire dans des coupes élancées et d'échanger leurs numéros de téléphone. Vous l'aurez deviné, t-shirts, sandales et souliers de course n'ont pas leur place ici.

Avec ses aquariums géants où folâtrent des poissons colorés, ses animaux mécaniques poussant des rugissements, ses cascades d'eaux et ses bruits stridents provenant de haut-parleurs dissimulés dans les feuilles des arbres, **The Rainforest Cafe** *(Aventura Mall, 19501 Biscayne Blvd,* ☎*792-8001)* plaira sans doute aux enfants.

Nul besoin de loger au Fontainebleau (voir p 151) pour se rendre au **Tropigala Club** *(4441 Collins Ave.,* ☎*672-7469)*, qui présente des spectacles de danse qui ressemblent à un croisement entre Las Vegas et l'Amérique du Sud. De plus, un orchestre de 10 musiciens s'exécute pour le grand plaisir des clients qui viennent s'éclater sur la piste de danse. Le port du veston est obligatoire pour monsieur et il est demandé à madame de se vêtir de façon appropriée.

SORTIES

Centre-ville de Miami

Le **Bayside Market Place** ne fait pas seulement office d'immense centre commercial, mais de lieu où l'on présente différents spectacles de musique.

Faut-il vraiment être surpris de constater la présence du **Hard Rock Cafe** *(401 Biscayne Blvd,* ☎*377-3110)* à Miami? Situé sur le bord de Biscayne Bay, cet établissement n'a nul besoin de présentation et conviendra à tous ceux qui veulent prendre une bière fraîche et discuter sur des airs de musique entraînante.

Une clientèle d'affaires se réunit souvent au bar de l'hôtel Inter-Continental (voir p 153), l'**Oak Bar** *(Chopin Plaza, ☎577-1000)*, afin de compléter des transactions ou pour oublier les problèmes du bureau.

Little Havana

Si vous souffrez de nostalgie cubaine, rendez-vous au **Cafe Nostalgia** *(2212 SW. 8th St., ☎541-2631)*, où vous danserez en compagnie de Cubains et d'autres Latino-Américains sur des airs de *salsa* et de *meringue*. Même si vous ne maîtrisez pas tout à fait l'espagnol, esquissez donc un sourire et dites un *«buenas noches»* pour vous aider à franchir la barrière culturelle.

Coral Gables

Le **Laughing Gas Comedy Improv** *(2977 McFarlane Drive, ☎446-9956)* met en scène d'excellents comédiens d'un professionnalisme haut de gamme qui sauront certainement vous faire rire ou sourire.

Coconut Grove

Pour prendre une bouchée tout en regardant des spectacles de *baladi* ou de flamenco, le **Cafe Tu Tu Tango** *(CocoWalk, 3015 Grand Ave., angle Virginia St., ☎529-2222)* est l'endroit tout choisi. Goûtez à la sangria.

Si vous vous trouvez à Coconut Grove et êtes amateur de football, baseball, basket-ball ou hockey, le **Dan Marino's American Sports Bar and Grill** *(3015 Grand Ave., 3ᵉ étage de CocoWalk, ☎567-0013)* fera sûrement votre affaire. Propriété du «quart arrière» des Dolphins, ce bar sportif est équipé d'une quarantaine de téléviseurs, de tables de billard, de jeux de fléchettes et de trois comptoirs de service.

Situé au deuxième étage de Coco Walk, le bar **Fat Tuesday** *(Coco Walk)* se targue d'offrir le plus vaste choix de *frozen* *daiquiris* au monde. L'endroit est tout indiqué pour se la couler douce et discuter entre amis.

Comme son nom l'indique, l'**Improv Comedy Club** *(Streets of Mayfair,* ☎441-8200*)* reçoit des comédiens venant débiter à vos oreilles une série de gags improvisés.

Installé dans le centre commercial The Streets of Mayfair, le **Planet Hollywood** *(2911 Grand Ave.,* ☎445-7277*)* fait partie de la méga-chaîne de restos-bars appartenant aux *big boys* de Hollywood, comme Sly, Arnold et Bruce. Atmosphère bruyante et animée mais sans surprises.

Avec ses vieux planchers de bois usés et ses téléviseurs diffusant des événements sportifs, **The Hungry Sailor** *(3064 Grand Ave.,* ☎444-9359*)* est la place où se retrouvent les copains après une journée de travail devant une bonne bière fraîche. On y sert volontiers la sempiternelle *Guinness*. Les fins de semaine sont animées par un disque-jockey et différents spectacles de musique.

Pour échapper à la réalité sans s'imbiber d'alcool, rendez-vous au **Virtua Cafe** *(Streets of Mayfair, 2911 Grand Ave.,* ☎567-3070*)* et coiffez-vous d'un casque de réalité virtuelle. Clientèle jeune et bruyante, musique rythmée et assourdissante.

Au nord de Miami

Hollywood

Aucune cravate n'est requise pour se sentir à l'aise chez **O'Malley's Bar & Restaurant** *($; 101 North Ocean Drive,* ☎920-4062*)*. L'endroit est ouvert sur la plage et plaira aux puristes du rock-and-roll et de la musique alternative. Les haut-parleurs crachent en effet les vieux classiques d'Echo and the Bunnymen et REM. Ambiance décontractée et nourriture salée.

Bars gays

Le **821 Bar** *(821 Lincoln Road,* ☎531-1188*)* est un bar chic où il fait bon prendre un verre en bonne compagnie ou s'éclater sur

SORTIES

la piste de danse avec la faune nocturne assoiffée de musique entraînante.

On ne va pas au **Cactus** *(2041 Biscayne Blvd, ☎438-0662)* pour le décor. Il s'agit d'un simple bar où une clientèle masculine se presse pour draguer dans l'espoir de satisfaire leurs désirs inassouvis.

Hombre *(925 Washington Ave., ☎538-7883)* est un bar de drague où les haut-parleurs diffusent des rythmes musicaux allant du *techno* en passant par la *dance music*.

Le **KGB** *(637 Washington Ave., entre 6th St. et 7th St., ☎534-5420)* attire une clientèle bigarrée qui vient s'éclater sur la piste de danse, tandis que d'autres préfèrent se réfugier dans le salon VIP pour y déguster l'une des nombreuses appellations de vodka. La salle VIP est sobre, contrairement à la tenue de quelques habitués, et l'atmosphère qui y règne est plutôt feutrée.

Fréquenté par une clientèle habillée en cuir, le **Loading Zone** *(1426 Alton Road, ☎531-LOAD)* n'est certes pas pour les timides. Des téléviseurs fixés aux murs diffusent des vidéos qui réanimeront peut-être la libido de certains. Pas de protocole et pas de chichi.

Une foule d'inconditionnels de la danse s'en donne visiblement à cœur joie au **Salvation** *(1771 West Ave., ☎673-6508)*. Le bruit est assourdissant, mais cela ne semble pas déranger la foule bigarrée.

Au bar **The Boiler Room** *(841 Washington Ave.)*, des disques-jockeys font jouer un mélange de musiques variées tandis que la foule pimpante en profite pour s'éclater et faire ribote.

Situé un peu plus au nord, le **Twist** *(1057 Washington Ave., ☎538-9478)* est une boîte de nuit sur deux niveaux. Le genre musical va du *hip-hop* au *techno* en passant par la *danse music*. S'y trouve aussi une petite terrasse pour ceux qui veulent prendre un peu l'air avant de retourner danser. Des spectacles extravagants de travestis y sont parfois présentés.

Warsaw *(1450 Collins Ave., angle Española Way, ☎531-4555)* s'impose comme «la» boîte de nuit gay de South Beach. Il s'agit en effet du lieu de prédilection que fréquente la faune nocturne de Miami et où fusionnent l'atmosphère joyeuse d'une fête entre amis et le confort d'un night-club cossu qui s'étale sur deux étages meublés de façon grandiose. Les soirées s'y éternisent souvent jusqu'aux premières lueurs du jour.

Le **West End** *(942 Lincoln Road, ☎538-9378)* est l'adresse à retenir pour jouer une partie de billard ou pour prendre une bière et discuter tranquillement sans crier à tue-tête.

 SPORTS PROFESSIONNELS ET AMATEURS

Football

Entre les mois d'août et décembre, les toujours respectables **Dolphins de Miami** défendent leurs couleurs au **Pro Player Stadium** *(2269 NW. 199th St., ☎620-2578, www.pwr.com/dolphins)*. On vous suggère vivement de réserver vos billets quelques mois à l'avance, car il est pratiquement impossible de s'en procurer le jour même du match, à moins d'être prêt à négocier un prix prohibitif avec un *scalper*. La saison va du mois d'août au mois d'octobre.

Basket-ball

Dirigé par le célèbre coach Pat Riley, le **Heat de Miami** dispute ses parties locales au **Miami Arena** *(1 SE. 3rd Ave., Suite 2300, ☎577-4328, www.heat.com)* jusqu'en décembre 1999. Ils déménageront au **American Airlines Arena** *(www.aaarena.com)* en janvier 2000. La saison s'étend d'octobre à avril.

Hockey sur glace

Pour vous soustraire de la chaleur accablante du Sunshine State, allez donc assister au *coolest game on earth*. Même si les **Panthers** de la Floride ont sombré dans la médiocrité depuis leur présence en finale de la Coupe Stanley en 1995-1996, l'équipe s'est replacée dans de meilleures conditions grâce à la

SORTIES

transaction qui amena dans l'équipe le spectaculaire Pavel Bure. Les Panthers disputent leurs match locaux au **National Car Rental Center** *(2555 Panther Parkway, Sunrise, FL 33323, ☎954-835-8000, ≈954-835-8012, www.flpanthers.com)* et la saison va d'octobre à avril.

Baseball

Pour voir les **Marlins** de la Floride en action, dirigez-vous au **Pro Player Stadium** *(2269 NW. 199th St., ☎626-7400, www.fla marlins.com)*. La saison va d'avril à octobre.

Tennis

Les amateurs de tennis se donnent rendez-vous sur Key Biscayne au **Crandon Park Tennis Center** pour assister au tournoi **Lipton Championship** *(☎446-2200, www.thelipton. com)*, qui accueille des athlètes de haut calibre comme Pete Sampras ou André Agassi.

Golf

Pour ceux et celles qui préfèrent le golf, le tournoi **Doral-Ryder Open** se déroule au **Doral Golf Resort & Spa** *(4400 NW. 87th Ave., ☎477-4653)*.

Pelote basque *(jai-alai)*

Pour vous familiariser avec *the fastest game on earth*, pointez-vous au **Jai-Alai Fronton** *(3500 NW. 37th Ave., ☎633-6400)*.

Avez-vous visité notre site web?
www.ulysse.ca

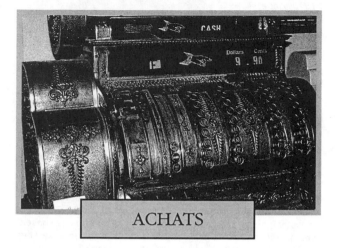

ACHATS

Des centres commerciaux ultrachics d'Aventura et des Bal Harbor Shops aux nombreuses boutiques spécialisées de Coral Gables, en passant par les galeries d'art élégantes de South Beach, sans oublier les innombrables commerces de vêtements de Washington Avenue ou encore les cigares roulés à la main, les meubles Art déco et les simples kiosques à souvenirs kitsch… les amateurs de lèche-vitrine et les fouineurs y dénicheront sûrement un trophée de voyage qui saura les satisfaire. La liste des établissements commerciaux dressée ci-dessous n'est qu'un simple survol des innombrables commerces de Miami et de ses alentours. Une fois sur place, vous pouvez toujours consulter les Pages Jaunes du bottin commercial si vous êtes à la recherche d'un article particulier.

 CENTRES COMMERCIAUX

Le **Bayside Marketplace** *(401 Biscayne Blvd, Miami)* est situé sur le bord de l'eau au centre-ville de Miami. Ce centre commercial géant compte une centaine de boutiques allant du **Sunglass Hut** *(☎375-0365)*, où l'on trouve toutes sortes de lunettes de soleil et accessoires pour protéger nos yeux contre l'ardent soleil des tropiques, jusqu'aux suaves effluves s'échappant des flacons de parfum vendus chez **Perfumania**

(☎577-0032), en passant par la fine lingerie pour dames vendue en exclusivité à la boutique **Victoria's Secret** *(☎374-8030)*. Au milieu de toutes ces boutiques de luxe, il y a également plusieurs comptoirs de restauration rapide pour prendre une bouchée.

Les très chics **Bal Harbor Shops** *(9700 Collins Ave., Bal Harbor, ☎866-0311)* se dressent devant le splendide Sheraton Bal Harbor. Aménagé parmi des aires ouvertes où pousse une végétation luxuriante parsemée de palmiers, ce centre commercial abrite une panoplie de boutiques qui sauront sûrement satisfaire les goûts les plus divers et les plus extravagants. Difficile de trouver un autre endroit qui regroupe autant de boutiques exclusives comme Veneta, Cartier, Chanel, Escada, Gucci, Prada, Gianni Versace, Hermes, Saks Fifth, Tiffany & Co., et bien d'autres commerces dont les vitrines exposent avec insolence un large éventail de produits de luxe. Les boutiques les moins chères sont Gap et Banana Republic.

L'**Aventura Mall** *(19501 Biscayne Blvd, Aventura)*, un autre centre commercial géant, qui regroupe des grands magasins à succursales de grandes chaînes telles que Bloomingdale's, Macy's, JC Penney, Sears, ainsi que plus de 235 boutiques spécialisées comme Guess, Gap ou Victoria's Secret. S'y trouvent encore plusieurs comptoirs de restauration rapide et quelques restos de plus haute gamme comme le Café Tu Tu Tango et The Cheezcake Factory. Le centre compte enfin un complexe de 24 salles de cinéma.

Situé côte à côte, **CocoWalk** *(3015 Grand Ave., Coconut Grove)* et **The Streets of Mayfair** *(2911 Grand Ave., Coconut Grove)* sont deux centres commerciaux à la mode qui attirent une foule de curieux qui viennent dépenser leurs billets verts ou faire du lèche-vitrine. On y retrouve un mélange d'environ 80 boutiques, des bars et des restos, ainsi que de nombreuses salles de cinéma.

 ALIMENTATION

À défaut de vous attabler au chic restaurant **Joe's Stone Crab** *(227 Biscayne St., entre Collins Ave. et Washington Ave., South Beach, ☎673-0365)*, passez une commande pour emporter afin de goûter ces délices des mers appelés *stone crabs*, en vente uniquement de la mi-octobre à la mi-mai.

Le restaurant **Stefano's** *(24 Crandon Blvd, Key Biscayne, ☎361-7007)* possède un petit magasin adjacent qui vend des pâtes fraîches, des saucissons, des fromages et des mets préparés. Bon choix de vins et de spiritueux.

ANTIQUITÉS

Un coup d'œil rapide à la vitrine de **Circle Art & Antiques** *(1014 Lincoln Rd., South Beach, ☎531-1859)* ne rend pas justice à ce commerce. En effet, bien qu'il soit possible de trouver quelque chose à votre goût dans cette boutique, trois autres arrière-boutiques sont garnies de plusieurs antiquités. Peut-être y dénicherez-vous la perle rare?

ARTISANAT

Si vous êtes en quête de produits artisanaux autochtones ou précolombiens pour parer votre salon ou votre chambre, arrêtez-vous chez **Wayiiu** *(137 Aragon Ave., Coral Gables, ☎567-0176)*, qui possède une impressionnante collection de reproductions de sculptures, de vases et de bibelots pittoresques.

Tenue par un artisan panaméen du nom de Franklin Duran, l'**Artisan Gallery** *(9457 Harding Ave., Bal Harbor, ☎868-6695)* présente plusieurs créations artisanales que l'artiste a réalisées manuellement, comme des chandeliers et divers objets originaux conçus pour la décoration extérieure ou intérieure de votre maison.

Out of Africa *(2911 Grand Ave., Streets of Mayfair, Coconut Grove, ☎445-5900)* se spécialise dans l'artisanat africain : masques, bibelots, fringues, etc.

Le **World Resources** *(719 Lincoln Rd., entre Euclid Ave. et Meridian Ave., South Beach, ☎673-5032)* est un curieux restaurant dont l'intérieur est meublé de plusieurs antiquités qui

ACHATS

proviennent d'Indonésie, d'Inde et d'autres pays asiatiques, et qui sont à vendre.

Si vous êtes à la recherche d'antiquités indiennes, rendez-vous chez **Haveli** *(137 NE. 40th St., Miami Beach, ☎573-0308)*. On y trouve aussi des tissus antiques et d'autres antiquités asiatiques.

BOUTIQUE D'ESPIONNAGE

Les paranoïaques, rêveurs ou délirants, et les amateurs d'équipement d'espionnage trouveront sûrement de quoi satisfaire leur phobie ou lubie particulière à la **Counter Spy Shop** *(600 Brickell Ave., Suite 600, Miami, ☎358-4336, ⌐358-4805)*. Cette boutique spécialisée vend une panoplie d'articles insolites allant des caméras cachées miniatures à la veste pare-balles en passant par un vaste éventail de gadgets d'autodéfense.

CHAUSSURES

Le magasin **Rothman's Shoe** *(635 Lincoln Rd., South Beach, ☎532-7116)* vend non seulement les grandes marques reconnues comme Clarks et Timberland, mais aussi des sandales Mephisto et Birkenstock.

CIGARES

Le **South Beach Cigar Factory** *(1136 Collins Ave., Suite 1A, South Beach, ☎604-9694; ou à Fort Lauderdale, 3114 East Sunrise Blvd, ☎954-537-3386, www.cigarmaker.com)* appartient à un exilé cubain, Rudy Rodolfo. Ses deux boutiques se spécialisent dans la vente de cigares de qualité supérieure roulés à la main. On y vend également des articles de fumeur comme le coffret pour ranger les précieux cigares, des briquets et même des pipes.

El Credito Cigar Factory *(1106 Calle Ocho, Miami, ☎858-4162)*, une pittoresque fabrique de cigares cubains à l'arôme distingué, permet aux curieux d'observer des employés cubains perpétuer leur savoir-faire ancestral en roulant les cigares à la main comme cela s'est toujours fait à Cuba. Ensuite, libre à vous, évidemment, de pousser la porte du magasin et de sortir votre porte-feuille si vous êtes un amateur de cigares cubains *made in Miami*.

Le **Bill's Pipe & Tobacco Shop** *(2309 Ponce de Leon Blvd, Coral Gables, ☎444-1764)* n'appartient pas au président des États-Unis, mais cela ne l'empêche pas de se spécialiser dans la vente de cigares fins.

CONDOMS

Avant de faire le tour des boîtes de nuit, certains d'entre vous voudront peut-être s'arrêter chez **Condomania** *(758 Washington Ave., South Beach, ☎531-7872)*.

COSTUMES

Le **Prop Central Style Haus** *(1856 West Ave., Miami Beach, ☎535-1157)* est le lieu rêvé pour louer un déguisement original pour une fête costumée.

JOUETS

Si vous souhaitez dénicher un jouet original pour votre enfant, faites un saut chez **Charly & Hannah's** *(256 Andalusia Ave., Coral Gables, ☎441-7677)*. Le personnel est sympathique et le choix, très varié.

Toy's R Us *(8621 Coral Way, Coral Gables, ☎264-0194)* est sans doute l'un des plus grands magasins de jouets de la planète : vous trouverez sûrement quelque chose de quoi satisfaire les enfants.

ÉQUIPEMENT DE SPORT

H_2O Scuba *(160 Sunny Isles Blvd, Sunny Isles Beach, ☎956-3483)* se spécialise dans la vente d'équipements destinés

ACHATS

à la plongée-tuba et à la plongée sous-marine : masques, palmes, combinaisons, etc. De plus, cette boutique propose des cours de certification qui feront de vous un plongeur breveté capable de plonger en toute sécurité et légalité dans le merveilleux monde du silence.

Le **Nike Shop** *(7th St., angle Collins Ave., South Beach, ☎530-2808; 7 W. Flager St., Miami, ☎530-2802)* est l'endroit tout indiqué pour se procurer des vêtements de sport, des souliers de course et bien d'autres produits de cette marque populaire.

Comme son nom l'indique, l'**Alf's Golf Shop** *(15369 S. Dixie Hwy. ou 524 Arthur Godfrey Road, ☎378-6086)* offre aux amateurs de golf un grand choix de bâtons, de vêtements et d'accessoires pour pratiquer ce sport très populaire en Floride.

Comme son nom le suggère, **Bikeland** *(12717 Biscayne Blvd, North Miami, ☎899-1605)* est un magasin qui vend des vélos de montagne, des vélos de route, des casques, des gants et beaucoup d'autres accessoires prisés des cyclistes.

Que vous soyez à la recherche d'une paire de patins à roues alignées, d'une planche à surf ou de souliers de course, rendez-vous chez **Sport Time** *(312 Lincoln Rd., South Beach, ☎532-6952)*.

 FLEURISTES

À ne pas confondre avec la réception de la Jona's Guesthouse (voir p 139), le **Ladybug Flowers** *(1330 Collins Ave., South Beach, ☎534-1159)* prépare de jolies compositions florales.

Vous trouverez aussi de magnifiques bouquets colorés chez **Rios Flowers** *(6702 Biscayne Blvd, Miami, ☎751-0993)*.

La boutique **Wild Flowers** *(4302 Hollywood Blvd, Hollywood, ☎954-966-8011)* propose également un vaste choix de roses et de fleurs étincelantes.

GALERIES D'ART

Le quartier de Coral Gables compte nombre de galeries d'art qui sauront sûrement plaire aux collectionneurs : **Americas Collection** *(2440 Ponce de Leon Blvd, Coral Gables, ☎446-5578)*, **Ambrosino Gallery** *(3095 SW. 39 Ave., Coral Gables, ☎445-2211)*, **Snitzer Gallery** *(3078 SW. 38 Ct., Coral Gables, ☎448-8976)* ou **Galerie Douyon** *(3080 SW. 38 Ct., Coral Gables, ☎445-6624)*.

 INSTRUMENTS DE MUSIQUE

Sim Music *(13390 W. Dixie Highway, North Miami, ☎893-5772)* se présente comme un magasin qui propose un vaste choix de guitares électriques et acoustiques, d'instruments à percussion, de synthétiseurs, d'amplificateurs et de micros.

 LIBRAIRIES

Borders *(3390 Mary St., dans Mayfair, Coconut Grove, ☎447-1655)* expose sur ses étagères un excellent choix d'éditions variées sur la littérature, le voyage, la peinture et la poésie. S'y trouve aussi un petit café où l'on vend des pâtisseries feuilletées.

Située juste au nord de l'Aventura Mall, la librairie **Border's** *(19925 Biscayne Blvd, Aventura, ☎954-935-6728; ou à Fort Lauderdale, 2240 E. Sunrise Blvd, 954-566-6335)* possède une autre succursale qui propose à ses clients un choix incomparables de livres en tous genre.

En parlant de grande chaîne, **Barnes and Noble** *(152 Miracle Mile, Coral Gables, ☎446-4152)* est représentée un peu partout à travers les États-unis. Ce n'est donc pas par hasard d'en retrouver une à Miami. Contrairement aux grandes surfaces, Barnes and Nobles de Coral Gables est somme toute assez sympathique. On y trouve aussi un petit café.

ACHATS

Le **Kafka's Kafé** *(1464 Washington Ave., angle 15th Street, South Beach, ☎673-9669)* est à la fois un café électronique décontracté et une librairie spécialisée dans la vente de livres usagés en tous genres.

Au **Books & Books** *(933 Lincoln Road, Miami Beach, ☎532-3222; 296 Aragon Ave., Coral Gables, ☎442-4408)*, la qualité des livres et le service sont excellents. Bonne section sur la poésie. Il s'agit du lieu rêvé pour peut-être dénicher un vieux classique qui dort sur une tablette.

Murder on Miami Beach *(16850 Collins Ave., angle 168th St., Sunny Isles, ☎956-7770)* vous plonge, comme le suggère son enseigne, dans l'univers trouble et obscur mais plein de suspense des polars et des romans noirs.

Super Heroes Unlimited *(1788 NE. 163rd St., North Miami Beach, ☎940-9539)* possède un choix impressionnant de bandes dessinées classiques ou contemporaines, neuves ou usagées.

Quiconque est à la recherche d'un disque compact, d'une cassette audio ou vidéo en espagnol, les trouvera sans doute chez **Do-Re-Mi** *(1829 SW. 8th St., Miami, ☎541-3374)*.

La grande chaîne de librairies appelées **Liberties** *(888 Las Olas Blvd, Fort Lauderdale, ☎954-522-6789)* propose d'innombrables livres de poche, d'ouvrages de référence, des guides de voyages, des best-sellers et des magazines. Il y a aussi sur les lieux une buvette et l'on organise les mercredis soir des soirées de poésie.

The Gay Emporium *(720 Lincoln Rd., South Beach, ☎534-4763)* garnit ses étagères d'une excellente sélection de littérature gay.

Librería Distribuidora Universal *(3090 SW. 8th St., Miami, ☎662-3234)* est une librairie qui propose une bonne collection d'ouvrages en espagnol ainsi qu'un choix délirant de livres consacrés à l'écrivain cubain José Martí.

Pour une bonne sélection de livres en français et en espagnol, visitez la librairie **Pierre Brooks** *(18185 Biscane Blvd., ☎792-0312 ou 792-0766, ☎792-0613)*.

LAMPES

L'Artisan Antiques *(110 NE. 40th St., Miami Beach, ☎573-5619, artisan.antiques@usa.net)* se targue de vendre la plus vaste sélection de lampes Art déco de la planète.

 LUNETTES

DKNY Optical *(1517 Alton Road, South Beach, ☎531-1444)* se spécialise dans la vente de lunettes stylisées à la mode européenne ou américaine.

 MONTRES

Si vous êtes à la recherche d'une montre prestigieuse de grande marque, prenez donc le temps de vous arrêter chez **ELY-M Jeweler's** *(48 East Flager St., Miami, ☎374-4100 ou 800-940-ELYM)*, où vous trouverez une gamme de produits Cartier, Baume & Mercier, Chopard, et bien d'autres articles de valeur tous catalogués comme produits de mode ou de luxe.

 MUSIQUE

Quiconque est à la recherche d'un disque compact, d'une cassette audio ou vidéo, les trouvera sans doute chez **Uncle Sam's** *(787 Washington Ave., South Beach)*.

 PARFUMS

Allez donc choisir votre effluve préféré chez **Perfumania** *(332 Lincoln Rd., South Beach, ☎538-8553; 1 W. Flagler St., Miami, ☎358-8455)*.

The Fragrance Shop *(612 Lincoln Rd., South Beach, ☎535-0037)* nous permet de créer notre propre parfum à partir de fragrance différentes.

ACHATS

SUPPLÉMENTS ALIMENTAIRES

Le **Nutritional Power Center** *(631 Lincoln Rd., South Beach, ☎535-8844)* dispose d'un vaste assortiment de suppléments vitaminiques, de protéines et plein d'autres pilules à haute teneur nutritive afin de développer votre masse musculaire pour soulever des poids et haltères.

 VÊTEMENTS UNISEXES

Même si **Benetton** *(670 Collins Ave., South Beach, ☎538-3777)* est souvent au centre de controverse à cause de ses publicités provocantes d'un goût parfois douteux, cela n'empêche nullement la succursale de Miami de ce modéliste bien connu de proposer à sa clientèle une gamme de vêtements unisexes de qualité.

Deco Denin *(645 Collins Ave., South Beach, ☎532-6952)* étale des vêtements unisexes comme Levis, Pele, Tommy Hillfinger, Calvin Klein et Polo.

Chez **Gap** *(673 Collins Ave., South Beach, ☎531-5358)*, vous trouverez des vêtements sport, des tenues plus chics et toutes sortes de fringues dépositaires de cette marque.

Pour s'habiller au goût d'une mode jeune et pimpante, allez choisir ce qu'il vous faut chez **Banana Republic** *(800 Collins Ave., South Beach, ☎532-6986)*.

Armani Exchange *(760 Collins Ave., South Beach, ☎531-5900)* propose des créations stylisées qui plairont énormément aux personnes souhaitant afficher des goûts vestimentaires raffinés, mais qui ne veulent pas vider leur porte-monnaie.

Malgré la fin tragique de son propriétaire et créateur, la boutique du défunt couturier italien Gianni Versace, **Versace** *(755 Washington Ave., South Beach, ☎532-5993)*, parvient toujours à attirer une clientèle élégante prête à se draper de ses créations à la fine pointe de l'esthétique vestimentaire.

VÊTEMENTS DE MATERNITÉ

Situé à l'intérieur des chics Bal Harbor Shops, **A Pea in the Pod** *(9700 Collins Ave., Bal Harbor, ☎864-6881)* plaira aux dames à la recherche de vêtements de maternité.

VÊTEMENTS POUR DAMES

Renommée dans les hauts cercles de la mode, la boutique **Betsey Johnson** *(805 Washington Ave., South Beach, ☎673-0023)* étale fièrement ses créations convoitées par les femmes au goût recherché.

VALISES

Le **Luggage Gallery** *(320 Lincoln Rd., South Beach, ☎532-1289, www.luggagegallery.com)* dispose d'une bonne sélection de valises sur roues et de sacs de voyage, ainsi que de quelques accessoires comme des pochettes de passeport.

VINS, BIÈRES ET SPIRITUEUX

Les amis de Bacchus ne seront pas déçus en poussant la porte du **Crown Wine & Spirits** *(6731 Red Rd., Coral Gables, ☎669-0225)*. En effet, l'établissement garnit régulièrement ses tablettes de nouveaux arrivages provenant d'Europe et d'Amérique.

Gulf Liquors *(1681 Alton Rd., Miami Beach, ☎531-5654)* propose un large éventail de bières (près de 200) à des prix raisonnables qui sauront satisfaire les plus difficiles.

ACHATS

LEXIQUE

PRÉSENTATIONS

Salut!	*Hi!*
Comment ça va?	*How are you?*
Ça va bien	*I'm fine*
Bonjour (la journée)	*Hello*
Bonsoir	*Good evening/night*
Bonjour, au revoir, à la prochaine	*Goodbye, See you later*
Oui	*Yes*
Non	*No*
Peut-être	*Maybe*
S'il vous plaît	*Please*
Merci	*Thank you*
De rien, bienvenue	*You're welcome*
Excusez-moi	*Excuse me*
Je suis touriste	*I am a tourist*
Je suis américain(e)	*I am American*
Je suis canadien(ne)	*I am Canadian*
Je suis britannique	*I am British*
Je suis allemand(e)	*I am German*
Je suis italien(ne)	*I am Italian*
Je suis belge	*I am Belgian*
Je suis français(e)	*I am French*
Je suis suisse	*I am Swiss*
Je suis désolé(e), je ne parle pas anglais	*I am sorry, I don't speak English*
Parlez-vous français?	*Do you speak French?*
Plus lentement, s'il vous plaît	*Slower, please*
Quel est votre nom?	*What is your name?*
Je m'appelle...	*My name is...*
époux(se)	*spouse*
frère, sœur	*brother, sister*
ami(e)	*friend*
garçon	*son, boy*
fille	*daughter, girl*

père	*father*
mère	*mother*
célibataire	*single*
marié(e)	*married*
divorcé(e)	*divorced*
veuf(ve)	*widower/widow*

DIRECTION

tout droit	*straight ahead*
à droite	*to the right*
à gauche	*to the left*
à côté de	*beside*
près de	*near*
ici	*here*
là, là-bas	*there, over there*
à l'intérieur	*into, inside*
à l'extérieur	*outside*
loin de	*far from*
entre	*between*
devant	*in front of*
derrière	*behind*

POUR S'Y RETROUVER SANS MAL

aéroport	*airport*
à l'heure	*on time*
en retard	*late*
annulé	*cancelled*
l'avion	*plane*
la voiture	*car*
le train	*train*
le bateau	*boat*
la bicyclette, le vélo	*bicycle*
l'autobus	*bus*
la gare	*train station*
un arrêt d'autobus	*bus stop*
L'arrêt, s'il vous plaît	*The bus stop, please*

rue	*street*
avenue	*avenue*
route, chemin	*road*
autoroute	*highway*

rang	*rural route*
sentier	*path, trail*
coin	*corner*
quartier	*neighbourhood*
place	*square*
bureau de tourisme	*tourist office*
pont	*bridge*
immeuble	*building*
sécuritaire	*safe*
rapide	*fast*

LA VOITURE

à louer	*for rent*
un arrêt	*a stop*
autoroute	*highway*
attention	*danger, be careful*
piétons	*pedestrians*
essence	*gas*
ralentir	*slow down*
feu de circulation	*traffic light*
station-service	*service station*
limite de vitesse	*speed limit*

L'ARGENT

banque	*bank*
caisse populaire	*credit union*
change	*exchange*
argent	*money*
Je n'ai pas d'argent	*I don't have any money*
carte de crédit	*credit card*
chèques de voyage	*traveller's cheques*
L'addition, s'il vous plaît	*The bill please*
reçu	*receipt*

L'HÉBERGEMENT

auberge	*inn*
auberge de jeunesse	*youth hostel*
chambre d'hôte, logement chez l'habitant	*bed and breakfast*
eau chaude	*hot water*
climatisation	*air conditioning*

logement, hébergement	*accommodation*
ascenseur	*elevator*
toilettes, salle de bain	*bathroom*
lit	*bed*
déjeuner	*breakfast*
gérant, propriétaire	*manager, owner*
chambre	*bedroom*
piscine	*pool*
étage	*floor (first, second...)*
rez-de-chaussée	*main floor*
haute saison	*high season*
basse saison	*off season*
ventilateur	*fan*

LE MAGASIN

ouvert(e)	*open*
fermé(e)	*closed*
C'est combien?	*How much is this?*
Je voudrais...	*I would like...*
J'ai besoin de...	*I need...*
un magasin	*a store*
un magasin à rayons	*a department store*
le marché	*the market*
vendeur(se)	*salesperson*
le/la client(e)	*the customer*
acheter	*to buy*
vendre	*to sell*
un t-shirt	*T-shirt*
une jupe	*skirt*
une chemise	*shirt*
un jeans	*jeans*
un pantalon	*pants*
un blouson	*jacket*
une blouse	*blouse*
des souliers	*shoes*
des sandales	*sandals*
un chapeau	*hat*
des lunettes	*eyeglasses*
un sac	*handbag*

cadeaux	*gifts*
artisanat local	*local crafts*
crèmes solaires	*sunscreen*
cosmétiques et parfums	*cosmetics and perfumes*
appareil photo	*camera*
pellicule	*film*
disques, cassettes	*records, cassettes*
journaux	*newspapers*
revues, magazines	*magazines*
piles	*batteries*
montres	*watches*
bijouterie	*jewellery*
or	*gold*
argent	*silver*
pierres précieuses	*precious stones*
tissu	*fabric*
laine	*wool*
coton	*cotton*
cuir	*leather*

DIVERS

nouveau	*new*
vieux	*old*
cher, dispendieux	*expensive*
pas cher	*inexpensive*
joli	*pretty*
beau	*beautiful*
laid(e)	*ugly*
grand(e)	*big, tall*
petit(e)	*small, short*
court(e)	*short*
bas(se)	*low*
large	*wide*
étroit(e)	*narrow*
foncé	*dark*
clair	*light*
gros(se)	*fat*
mince	*slim, skinny*
peu	*a little*
beaucoup	*a lot*
quelque chose	*something*
rien	*nothing*

bon	*good*
mauvais	*bad*
plus	*more*
moins	*less*
ne pas toucher	*do not touch*
vite	*quickly*
lentement	*slowly*
grand	*big*
petit	*small*
chaud	*hot*
froid	*cold*

Je suis malade	*I am ill*
pharmacie	*pharmacy, drugstore*
J'ai faim	*I am hungry*
J'ai soif	*I am thirsty*
Qu'est-ce que c'est?	*What is this?*
Où?	*Where?*

LA TEMPÉRATURE

pluie	rain
nuages	clouds
soleil	sun
Il fait chaud	It is hot out
Il fait froid	It is cold out

LE TEMPS

semaine	week
mois	month
année	year
hier	yesterday
aujourd'hui	today
demain	tomorrow
le matin	morning
l'après-midi	afternoon
le soir	evening
la nuit	night
maintenant	now
jamais	never

LES COMMUNICATIONS

bureau de poste	*post office*
par avion	*air mail*
timbres	*stamps*
enveloppe	*envelope*
bottin téléphonique	*telephone book*
appel outre-mer, interurbain	*long distance call*
appel à frais virés (PCV)	*collect call*
télécopieur, fax	*fax*
télégramme	*telegram*
tarif	*rate*
composer l'indicatif régional	*dial the area code*
attendre la tonalité	*wait for the tone*

LES ACTIVITÉS

la baignade	*swimming*
plage	*beach*
la plongée sous-marine	*scuba diving*
la plongée-tuba	*snorkelling*
la pêche	*fishing*
navigation de plaisance	*sailing, pleasure-boating*
la planche à voile	*windsurfing*
faire du vélo	*bicycling*
vélo tout-terrain (VTT)	*mountain bike*
équitation	*horseback riding*
la randonnée pédestre	*hiking*

TOURISME

fleuve, rivière	*river*
chutes	*waterfalls*
belvédère	*lookout point*
colline	*hill*
jardin	*garden*
réserve faunique	*wildlife reserve*
péninsule, presqu'île	*peninsula*
côte sud/nord	*south/north shore*
hôtel de ville	*town or city hall*

LES NOMBRES

1	*one*
2	*two*
3	*three*
4	*four*
5	*five*
6	*six*
7	*seven*
8	*eight*
9	*nine*
10	*ten*
11	*eleven*
12	*twelve*
13	*thirteen*
14	*fourteen*
15	*fifteen*
16	*sixteen*
17	*seveteen*
18	*eighteen*
19	*nineteen*
20	*twenty*
50	*fifty*
100	*one hundred*
500	*five hundred*
1 000	*one thousand*
1 000 000	*one million*

LEXIQUE FRANÇAIS-ANGLAIS

INDEX

BON DE COMMANDE

GUIDES DE VOYAGE ULYSSE

☐ Abitibi-Témiscamingue et Grand Nord	22,95 $	☐ Jamaïque	24,95 $
☐ Arizona et Grand Canyon	24,95 $	☐ La Nouvelle-Orléans	17,95 $
☐ Bahamas	24,95 $	☐ Lisbonne	18,95 $
☐ Belize	16,95 $	☐ Louisiane	29,95 $
☐ Boston	17,95 $	☐ Martinique	24,95 $
☐ Calgary	16,95 $	☐ Miami	18,95 $
☐ Californie	29,95 $	☐ Montréal	19,95 $
☐ Canada	29,95 $	☐ New York	19,95 $
☐ Charlevoix Saguenay – Lac-Saint-Jean	22,95 $	☐ Nicaragua	24,95 $
☐ Chicago	19,95 $	☐ Nouvelle-Angleterre	29,95 $
☐ Chili	27,95 $	☐ Ontario	27,95 $
☐ Colombie	29,95 $	☐ Ottawa	16,95 $
☐ Costa Rica	27,95 $	☐ Ouest canadien	29,95 $
☐ Côte-Nord – Duplessis – Manicouagan	22,95 $	☐ Panamá	24,95 $
☐ Cuba	24,95 $	☐ Pérou	27,95 $
☐ Cuisine régionale au Québec	16,95 $	☐ Plages du Maine	12,95 $
☐ Disney World	19,95 $	☐ Portugal	24,95 $
☐ El Salvador	22,95 $	☐ Provence – Côte-d'Azur	29,95 $
☐ Équateur – Îles Galápagos	24,95 $	☐ Provinces Atlantiques du Canada	24,95 $
☐ Floride	29,95 $	☐ Puerto Rico	24,95 $
☐ Gaspésie – Bas-Saint-Laurent - Îles-de-la-Madeleine	22,95 $	☐ Le Québec	29,95 $
☐ Gîtes du Passant au Québec	13,95 $	☐ Le Québec et l'Ontario de VIA	9,95 $
☐ Guadeloupe	24,95 $	☐ République dominicaine	24,95 $
☐ Guatemala	24,95 $	☐ San Francisco	17,95 $
☐ Honduras	24,95 $	☐ Toronto	18,95 $
☐ Hôtels et bonnes tables Au Québec	17,95 $	☐ Vancouver	17,95 $
		☐ Venezuela	29,95 $
		☐ Ville de Québec	17,95 $
		☐ Washington D.C.	18,95 $

ULYSSE PLEIN SUD

☐ Acapulco	14,95 $	☐ Carthagène (Colombie)	12,95 $
☐ Cancún – Cozumel	17,95 $	☐ Puerto Vallarta	14,95 $
☐ Cape Cod – Nantucket	17,95 $	☐ Saint-Martin – Saint-Barthélemy	16,95 $

ESPACES VERTS

☐ Cyclotourisme en France	22,95 $	☐ Randonnée pédestre Nord-est des États-Unis	19,95 $
☐ Motoneige au Québec	19,95 $	☐ Randonnée pédestre au Québec	22,95 $
☐ Le Québec cyclable	19,95 $	☐ Ski de fond au Québec	22,95 $
☐ Randonnée pédestre Montréal et environs	19,95 $		

GUIDES DE CONVERSATION

☐ L'Anglais pour mieux voyager
en Amérique   9,95 $
☐ L'Espagnol pour mieux voyager
en Amérique latine   9,95 $

☐ Le Québécois
pour mieux voyager   9,95 $

JOURNAUX DE VOYAGE ULYSSE

☐ Journal de voyage Ulysse
(spirale) bleu – vert – rouge
ou jaune   11,95 $

☐ Journal de voyage Ulysse
(format de poche) bleu – vert –
rouge – jaune ou «sextant» 9,95 $

Budget ● zone

☐ ●zone Amérique centrale 14,95 $ | ☐ ●zone le Québec   14,95 $

TITRE	QUANTITÉ	PRIX	TOTAL

Nom _____		Total partiel	
Adresse _____		Poste-Canada*	4,00 $
_____		Total partiel	
_____			
Paiement : ☐ Comptant ☐ Visa ☐ MasterCard		T.P.S. 7%	
Numéro de carte _____			
Signature _____		TOTAL	

ULYSSE L'ÉDITEUR DU VOYAGE
4176, rue Saint-Denis, Montréal (Québec)
☎ (514) 843-9447, fax (514) 843-9448, H2W 2M5
Pour l'Europe, s'adresser aux distributeurs, voir liste p 2.
* Pour l'étranger, compter 15 $ de frais d'envoi.